ランナーが知っておくべき歩き方

みやすのんき

自己紹介とまえがき

◉ウォーキングエコノミーという考え方

マンガ家のみやすのんきと申します。本書は彩図社から2016年11月に出版された『あなたの歩き方が劇的に変わる！驚異の大転子ウォーキング』を元に、ランニングを始めるにあたっての予備動作としてウォーキングを位置づけ、細かく改稿増補したものです。

ウォーキングは誰でも楽しめる手軽な運動。1日1万歩とか8000歩とか歩数で語った本は色々ありますが、本書はウォーキングのフォーム、とくに歩く経済性＝ウォーキングエコノミーを主軸においています。2004年アテネオリンピックで女子マラソン金メダルに輝いた野口みずきさんが「走った距離は裏切らない」という名言を残しましたが、間違った走り方で走っては、例え10分でも20分でもすぐ疲れてしまいます。故障する危険性もあります。それはウォーキングも一緒です。

私はひょんなことから思い立ってランニングを始め、52歳である2015年に全マラソン競技者人口のたった3％足らずといわれるサブスリー（フルマラソンを3時間以内で完走すること）を達成することができました。その後もおかげさまで毎年サブスリーを継続して、56歳になった2018年は2時間53分でつくばマラソンを走りきり自己ベストを更新しました。50代でのサブスリーは1％未満に過ぎずかなり驚かれます。

「そもそも走る才能があったんだろう」

そう思われるかもしれませんが、子供の頃から喘息持ちでカラダが弱く、病院に通ってばかりで学校も休みがちでした。運動会も体育の授業も大嫌い。通知表の体育の評価も毎年1でした。鉄棒の逆上がりもできずコンプレックスの塊です。当然、駆けっこはビリが指定席でした。

絵を描くのだけは得意だったので、何とかマンガ家になりました。おかげさまでデビューしてから途切れることなく連載も続きました。それに比例して深夜に寝て太陽に当たることもあまりなく、ずっと不摂生な生活を送っていました。運動もせず、お腹もだらしなく脂肪でブヨブヨで、一時期は85kgまで体重も増えました。食べるものはほぼ出前やコンビニ弁当、カップラーメン。健康を気遣うこともなくしょっちゅう偏頭痛や肩凝りや腰痛に悩まされていました。

そんな人間がどうしてマラソンを走るようになったか、そしてサブスリーを達成したのか？これについて詳しくは『走れ！マンガ家ひぃこらサブスリー』（小社刊）に譲るとします。発売前は、元一流選手でもなく指導者でもインストラクターでもない、一介のマンガ家の立場で、マラソンの本を出版することを疑問視されていたことも事実です。実際、企画を持ち込んだ多くの出版社から門前払いにあいました。発売されても売れなかったらどうしようと不安を抱えつつ発売日を迎えましたが、おかげさまでクチコミやブログなどから支持が広がり、多くの読者に絶賛されました。陸上競技の経験もない市民ランナーの目線から捉えたマラソン本というものは今までほとんどなかったという理由もあります。アマゾンでも売り上げ上位になり、マラソンランニング部門のランキングで1位に輝きました。体育会系の陸上競技経験者が書くサブスリーの指南書は多く出回っていますが、その多くは「何時間走りましょう」だの「こんだけのスピードで練習しましょう」だの量と質をいきなり求めたものがほとんどで、ランニングフォームに特化した類書がなかったのも好評を得た一因だと思っています。

◉ランニングエコノミーから見えてきたウォーキング

サブスリーを達成するために私がこだわったのはランニングエコノミーです。走る効率、経済性。心肺機能や筋力は若い人にはるかに劣ります。そこで勝負するのは無理！と最初から諦めていました。活路を求めたのはランニングフォームを洗練させること。楽に速く長く、そしてケガをせずに走ることができるようになって、ランニングはとても楽しいものとなりました。もちろんランニングフォームは身長、体重、性別、柔軟性、筋肉のつき方などで各々変わります。しかし効率性を突き詰めていくと正しい方向性が見えてきます。実際、フォームが改善されると、背中に羽が生えたかのごとく跳ぶように走ることができるのです。しかし、フォームを意識して日々走っているとすごく気になってきたのが、同じ公園を周回している老若男女のウォーキングの姿勢です。

ガニ股でドタドタ歩いている人、肩や頭を左右に揺らしながら歩いている人、カバンを肩に掛けて斜めに傾いたまま歩いている人、ロボットみたいにギクシャクしながら歩いている人、肘を曲げてブンブン振って勇ましく歩いている人、小股で歩幅が狭くうつむき加減に歩く人……。共通するのは骨盤を動かせていないということです。胴体がカチカチに固まっているのです。また骨盤を逆向きに動かして歩いている人もいます。仕事のデスクワークで凝り固まった猫背のままで歩いている人も多いです。若い人がキレイな歩きをしているかというと全然そんなことありません。歩きスマホでとぼとぼと歩いている人は本当に多いです。

歩くという行為自体は、人生の中で赤ちゃんの這い這いからよちよち歩きになった時から、誰に習うでもなくできるので、皆キチンとした歩き方を意識しないまま成長していきます。間違っているか正しく歩けているかは別として、「歩く」行為はテキトーに身についているのです。ランニングだったら正しいフォームでないとすぐ息が上がって疲れてしまい、速く長くは走れません。ところがウォーキングでは間違った意識でも適当に歩けます。速く歩こうと大股で力任せに歩いている人も多くいます。わざわざ公園をウォーキングで周回しているくらいだから、健康に気を使っている人なんだろうし、散歩が好きで健康意識が高いであろうにこの有り様。街の雑踏や駅を行き交う人はさらにひどい歩き方の人が多いです。と言ってもそもそも何が正しいウォーキングのフォームなのかもわかりませんよね。

◉何だか適当なウォーキング本にがっかり……

そう思って、正しいウォーキング動作について参考になる本を探そうと書店を回ってみたのですがビックリしました。設定歩数やら癌やうつ病、糖尿病など生活習慣病は歩くことによって治るとお医者さんが書いた本はたくさんあるのですが、一番重要な歩き方については書いていなかったり、適当に1ページほどのイラストで済ませている場合が多いのです。例えるならば「健康のために水泳をやりましょう！」と勧めているのに、肝心の「泳ぎ方」をキチンと解説していない本ばかりなのです。またきびきびと歩けるガシガシの体育会系インストラクターの、健康で若い人しか念頭においていないような歩き方の指導も目立ちました。「骨盤」や「肩甲骨」や「体幹」など気を引くワードを並べているものの、その中身については間違った真逆の歩き方を書いてある本もありました。これでは世の中の人が錯覚してメチャクチャな意識を持ってしまうのも仕方ありません。

正直言ってウォーキングフォームについてちゃんと書いている本はほとんどないでしょう。「日本人は歩き方を誤解をしている」と言っても過言ではありません。当然ですが、間違った歩き方で長年過ごしている人は健康どころか、逆に腰や膝を痛めて歩けなくなり病気への道を突き進むことになる可能性すらあります。

・膝をまっすぐ伸ばして踵から着地しましょう。
・歩幅を広く大股で元気よく歩きましょう。
・足の親指で力強く蹴り出して進みましょう。
・カラダをねじって腕を強く前後に振りましょう。
・手は握りこぶしを作り、肘はL字に曲げましょう。

・頭を天から糸で引っ張られているように歩きましょう。

これらはいずれも誤情報です（キッパリ）！

そういう私もランニングを始めるまで、正しい歩き方についてなんてキチンと考えたことはありませんでした。速く楽に長く走るには極めて正しいランニングフォームの習得が重要な要素になります。そこを突き詰めていくと、日本人の歩き方の乱れが根っこにあることに気づきました。正しいランニングフォームがわかってきて、正しいウォーキングフォームへのアプローチの重要性に気づいたのでした。それらをまとめて「大転子ウォーキング」と名づけてみました。大転子ウォーキングは長時間歩いても疲労が少なくスムーズに楽に移動できるという意味では老若男女全てに恩恵があると思います。

◉大転子ウォーキングはランニングにダイレクトに繋がる歩き方

私の名前をランニング実用書でお知りになった方は「マラソン」、そして「サブスリー」というキーワードでこの本を手に取られたと思いますが、本書が3時間半でも4時間でもマラソン完走を目指す本ではなく、ウォーキングというごくごく基本に立ち返ったものになっているのはそういう理由からです。そして私の提唱する大転子ウォーキングはランニングにダイレクトに繋がる歩き方です。ウォーキングは故障の時の練習の一環に、フルマラソンを走り終えた後の疲労抜きに、またはマラソンに挑戦するために長時間動き続ける予行練習として最適です。正しいランニングフォームへの理解に繋がるドリルとしても多くのランナーにも読んでもらいたいです。

私はお医者さんや大学の先生、そしてインストラクターなどの権威的存在ではありませんが、ウォーキング業界に浸かっていない門外漢だから損得なしに書けることがあります。勘のよろしい読者の方は何となくどの指導を批判しているかわかるようで、それがいい気持ちがしないという指摘もいただきますし、確かにそう思います。しかし正しい形だけ伝えるのでなく、正誤を比較しないと理解できない人もいることは事実です。オブラートには包みつつ間違いは間違いとして書くようにしました。もちろん専門家ではないことは自覚していますから、書いていることに納得していただく意味でも、なるべくソースやデータを提示しました。絵という視点からモノを見るマンガ家という職業柄だからこそ気がつく解剖学や人体構造、ウォーキングの分析。世にも珍しいマンガ家が書いたウォーキング本。たぶん世界的にも例がないでしょう。皆さんが実践して少しでも歩きやすくなったり、故障から立ち直るキッカケにしていただけたらとても嬉しいです！

みやすのんき

本書における身体部位の名称／歩き方の表現

【図－1】

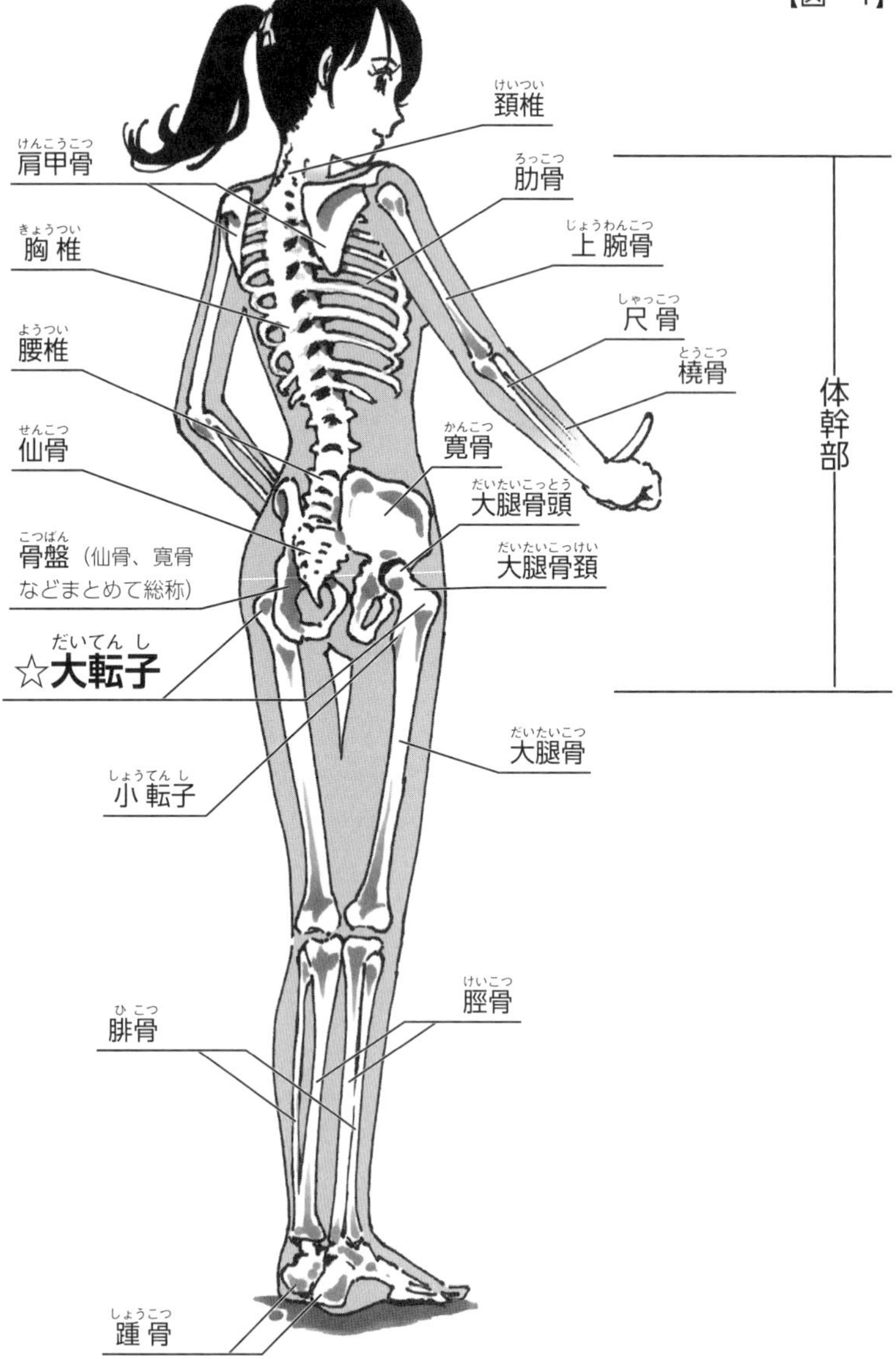

【図－2】

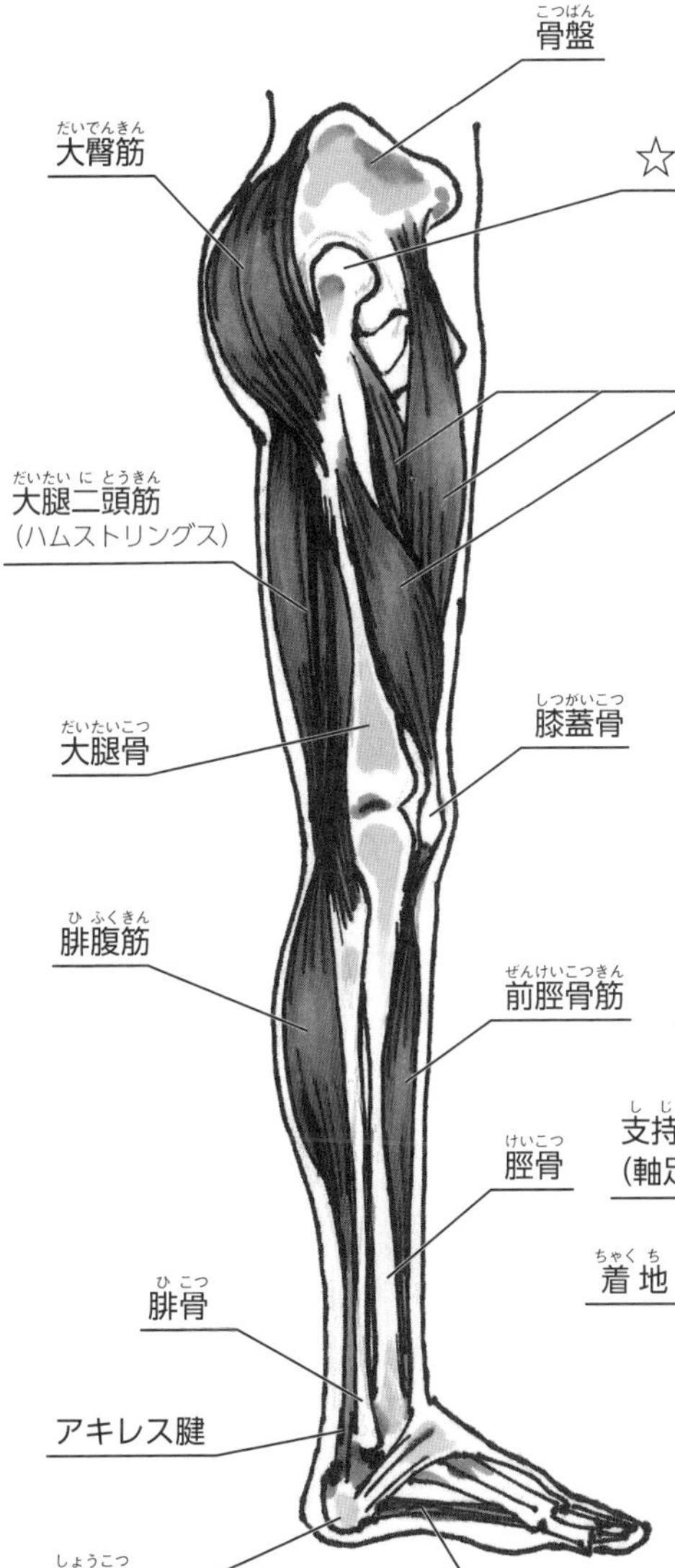
骨盤《こつばん》
大臀筋《だいでんきん》
☆大転子《だいてんし》
大腿四頭筋《だいたいしとうきん》
大腿二頭筋《だいたいにとうきん》
（ハムストリングス）
大腿骨《だいたいこつ》
膝蓋骨《しつがいこつ》
腓腹筋《ひふくきん》
前脛骨筋《ぜんけいこつきん》
脛骨《けいこつ》
腓骨《ひこつ》
アキレス腱
踵骨《しょうこつ》
足底筋膜《そくていきんまく》

【図－3】

遊脚《ゆうきゃく》
支持脚《しじきゃく》
（軸足）
離地《りち》
着地《ちゃくち》

これが大転子ウォーキングだ！

骨盤をしっかり使った歩き方、それが大転子ウォーキングです。

①

左軸足の上に骨盤をしっかり乗せる。

②
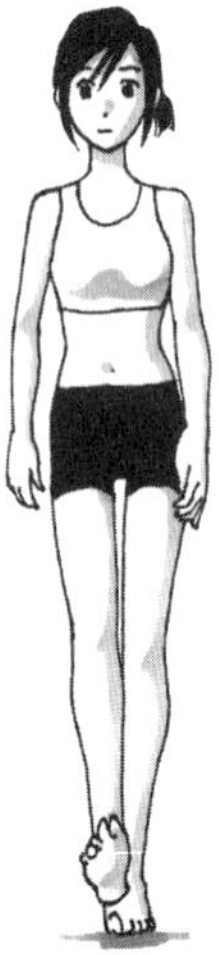

右足は骨盤から振り出すように進める。

③
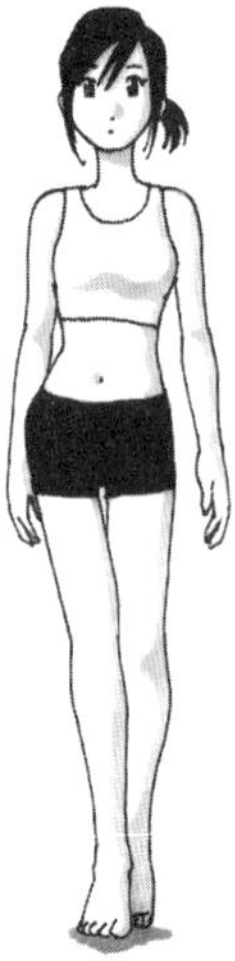

右膝が一番前に出たあたりで左の骨盤を前に出して着地

④
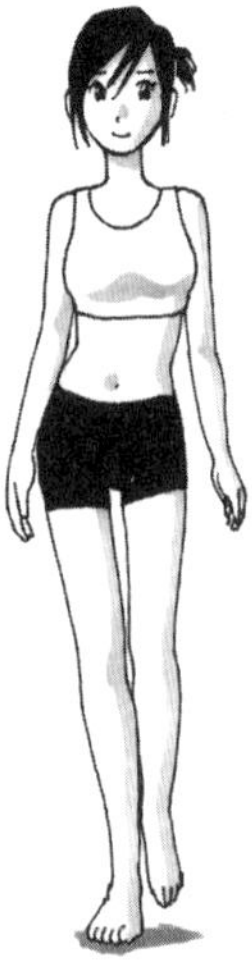

右軸足の上に骨盤をしっかり乗せる

⑤
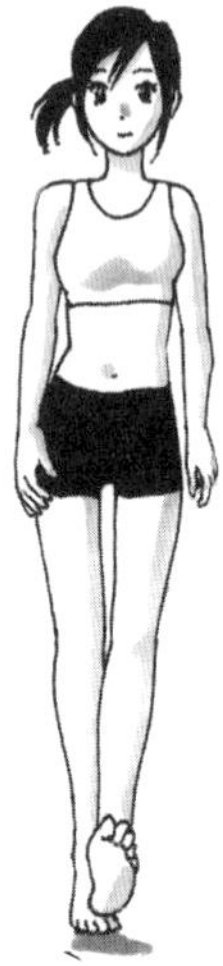

左の骨盤から膝、足先の順に振り出す。

詳しい解説は129ページから

大転子ウォーキングの主な効果

大転子ウォーキングにすると、次のような効果が期待できます。

効果 その1

自然と楽に速く、長く歩くことができる

骨盤を使って歩くと自然と歩幅が広がるので、足だけを使った歩行よりも楽に速く長く歩ける。

…▶ 詳しい解説は 118ページから

効果 その2

キレイに歩けて美しい姿勢に！

足の筋肉ではなく、お尻の筋肉を使うのでスタイル向上！

…▶ 詳しい解説は 182ページから

効果 その3

バランスに優れ転倒しにくい

体重が片足ずつしっかりと乗るので、バランスが安定する。

…▶ 詳しい解説は 151ページから

効果 その4

健康で長生きすることができる

速く歩くことができれば、健康寿命が大幅に増加する。

…▶ 詳しい解説は 115ページから

効果 その5

持久力が高まり脳が活性化する

毎日歩くことで持久力が上昇、仕事や勉強にも集中できる。

…▶ 詳しい解説は 205ページから

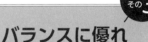

CONTENTS

自己紹介とまえがき 2

第1章 日本人の歩き方がどんどん変になっている！

危険な兆候！こんな歩き方になっていませんか？ 22
日本人の歩き方がヤバイ!?このままでは1億総寝たきり時代に突入する？ 24
足だけ使ったペンギンウォークになっていませんか？ 26
ペンギンウォークは高齢者のヨボヨボ歩きの原因になる 29
長方形ウォーキングになっていませんか？ 30
なぜASIMOの歩き方はヘンに感じるのか？ 31
日頃からの意識や姿勢が歩き方を作ることが多い 34
ガニ股とO脚は違います 35
内股はアニメキャラからの影響も多い？ 36
意識のなさがカラダを歪ませていく 37

外反母趾はハイヒールで起きるという誤解 38
私の足首骨折の体験談 39
訓練した宇宙飛行士も地球帰還直後は立つことができない 41
母の車椅子生活 44
寝たきりだと1日当たり150mgのカルシウムが失われる 44
長時間座っていると　タバコを吸うより寿命が縮む!? 47

第2章 これがホントに模範的ウォーキング？ 厚生労働省推薦の「理想の歩き方のフォーム」がヘン！

正しく歩けば、こんな健康効果アリ！ 52
1日1万歩の標語はどのように作られたか 54
1日どれだけ歩いたかはそこまで気にしなくてよい 55
歩けば歩くほど健康になるという言葉の落とし穴 58
北朝鮮の軍隊パレードの歩き方を礼賛するお医者さんに唖然 60
元気よく大股で足を振り上げるウォーキング意識は大間違い 62
厚生労働省の理想的な歩き方のフォームがヘン 67

——その1「膝はまっすぐ伸ばしてつま先を上げて踵から着地する」—— 70
——その2「歩幅はできるだけ広く取る」—— 72
——その3「後ろ足は親指の付け根で地面を力強く蹴り出してひっかくように進む」—— 74
——その4「後ろ足はまっすぐ伸ばしてキレイに見せるようにする」—— 77
——その5「肘を曲げて腕は前後に大きく振りましょう」—— 79
——その6「ヘソ下三寸（丹田）を意識しましょう」—— 82
パーキンソン病のリハビリにみる歩行の勘違い 83

第3章 背中をねじって歩く？ 間違いだらけの体幹意識に注意せよ！

そもそも骨盤って何？体幹ってよく聞くけれど…… 88
何だかおかしな体幹ウォーキング 89
背骨をねじらせるのが体幹ウォーキング？ 90
体幹を意識してねじらせてやるスポーツは存在しない 92
肩甲骨と骨盤は対角に動いているという間違い 94
物理学からひもとく体幹をねじる動作の勘違い 97

肩甲骨を動かしてから、背骨をよじらせて歩くインストラクター 99
後ろ足で蹴ろうとすると骨盤が逆に動きます 102
モデルウォーキング（カツカツウォーク）は危険な歩き方 103
足を痛めている人が陥りやすい大臀筋振り上げウォーク 105
水中ウォーキングは本当にお勧めなのか？ 108
水中ウォーキングは重力を掛けられない意味のないエクササイズ 110

第4章 重力を感じて歩く 大転子ウォーキングの勧め

大転子ウォーキングにはメリットが盛りだくさん 114
早歩きをする人は明確に長生きする 115
大転子ウォーキングで楽に長く速く歩けるようになる 118
骨盤を足のように使う。そもそも大転子って何？どこにあるの？ 120
歩く時にカラダの意識は丹田よりも前面におく 123
モンロー・ウォークを知っていますか？ 124
モンロー・ウォークは競歩の骨盤の動きにソックリ！ 126

大転子ウォーキングで骨盤を有効利用して歩いてみよう 129
――大転子ウォーキングで歩いてみよう①「基本の姿勢（左足の片足立ち）」―― 130
――大転子ウォーキングで歩いてみよう②「右足の振り出し」―― 132
――大転子ウォーキングで歩いてみよう③「右足の着地」―― 134
――大転子ウォーキングで歩いてみよう④「右足の片足立ち」―― 136
――大転子ウォーキングで歩いてみよう⑤「左足の振り出し」―― 138
腕振りについて 141
裸足歩きのすすめ 142
裸足歩きでウインドラス＆トラス機構を理解すれば正しい着地が見えてくる 144
裸足歩きはバランスもよくなり転倒予防にも！ 151
人間本来の歩行ラインは1本線に近くなる 153
大転子ウォーキングの意識づけ 156

第5章 ランナーが「歩き方」にじっくり取り組むべき理由とは？ ウォーキングとランニングを結ぶもの

ウォーキングで筋肉に負荷を掛け続けることはできるのか……160
ウォーキングなのに走り出してしまった女性レポーター……161
体力向上に合わせて歩きから次のステップ、ランニングへ……163
対立概念としての速歩とスローなジョグ……165
走り出すと気持ちいいし違う景色が見える……168
マラソン世界記録保持者キプチョゲ選手の歩行動作……171
キプチョゲ選手は歩く時もカラダの重心真下に着地している……172
フォアフットウォーキングのすすめ……173

第6章 大転子ウォーキングで街に繰り出そう!

ウォーキングがダイエットに効果があるという罠……176
つきやすく落ちやすい内臓脂肪を燃やそう!……177
大転子ウォーキングで足はスラリと細くなる!……182
下半身太りは大転子のせい?女性心理をついた変な広告に惑わされるな!……184
O脚の人はここを鍛えよう……187

――大腿内側広筋の鍛え方―― 189
――内転筋の鍛え方―― 190
――中臀筋の鍛え方―― 191
片足立ちは二度美味しい！ 192
ウォーキングでストレス解消！ 194
歴史を感じる街道を歩き、史跡や名所を訪ねよう 197
季節の花や水辺や里山の自然を感じよう 199
不動産広告の「駅から徒歩○分」に挑戦しよう 201
ライフスタイルの見直しで健康長寿を目指せ！ 203
持久力が高まると脳が活性化する 205

あとがき　いつまでも自分の足で歩こう 209

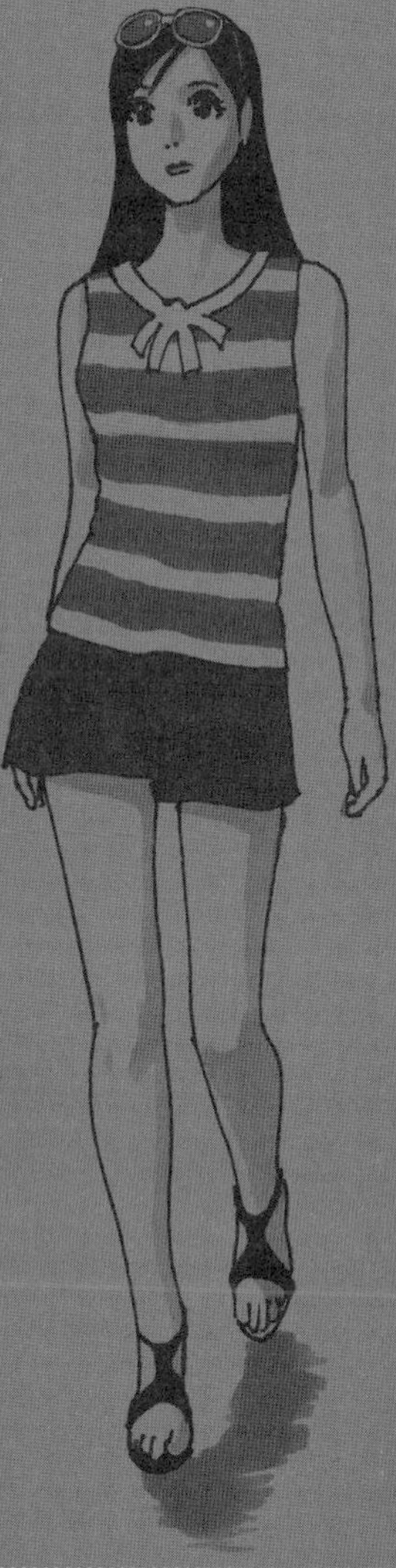

第1章

日本人の歩き方が
どんどん変になっている！

【図－4】

◉危険な兆候！こんな歩き方になっていませんか？

町を歩いていると本当にいろんな歩き方に出くわします。本章の扉絵（前ページ）のようにしゃなりしゃなりと気取ったモデルウォークで歩くお姉さん。自分を大きく見せようとしてなのかガニ股で肩を揺らしながら歩いている人もいます（【図－4】）。颯爽と歩いているけれど何だかギクシャクしたロボットみたいな歩き方の人も（【図－5】）。

腕振りも千差万別、肩甲骨が固まっているのか欽ちゃんのように横にブンブン振っている人も多いです（24ページ【図－6】）。カラダの前で自動車のワイパーのように振っているならまだわかりますが、中には後ろで振っている人もいます。狭い歩道で横にブンブン振って歩かれると、こちらがランニングをしているとすれ違う時や追い抜く時にちょっと気を遣いますね。駅の通路の混雑時も大変そうですが、あんまりご本人は気にならないのでしょうか。

腕を振るならまだしも頭を左右に振りながら歩いている人もいます。斜めに頭を傾けたまま歩いている人もいます。

猫背で歩幅も小さく弱々しく歩く人もいます。猫背になるとお腹がたるんでポッコリお腹になります。そして骨盤が後傾してしまい、タレ尻になっていくという負の連鎖。カラダのパーツが何かひとつ歪むとカラダ全体に影響が及び、どんどんスタイルは悪くなっていってしまいます（25ページ【図－7】）。さらに歩きスマホがそれを助長します。ずっと下を向いたまま歩いてい

【図－5】

【図－6】

る若者はどこかにぶつからないかなと不安になってしまいます。これらは往々にして骨盤が動いていないために起きる歩き方です。

◉日本人の歩き方がヤバイ!?　このままでは1億総寝たきり時代に突入する?

電車でスマートフォンを眺めている人は本当に多いですよね。シート1列皆スマホをいじっているという図も珍しくありません。

それだけならいいのですが、駅のホームや階段などを歩きながらスマホを使う人の多いこと。歩くペースが遅いので通行の妨げになったり、ケガを伴う事故を引き起こしたりするトラブルが相次いでいます。

事故の発生場所で最も多いのは駅。駅はやはり混雑しているし、急いで移動している人が多いためでしょう。また階段でこけたり柱などにぶつかったり、ホームから転落する事故も多いのです。スマホの画面を見ながら歩道をてくてく歩く若者も多いですよね（26ページ【図－8】）。

友達との連絡に夢中になったり、地図を確認したり、ゲームアプリに集中してしまったり……。『ポケモンGO』ブームの時はすごかったですね。でも家の中で過ごさずに外に出て健康的に歩くゲームという点では『ポケモンGO』は評価されてもよいと思いますが。

歩きスマホをすると視野が極端に狭くなり、周囲に注意を向けることができません。中には耳にイヤフォンをつけて音楽を聴きながら、視覚どころか聴覚のアンテナも失って歩いているつわものもいます。

【図－7】

手さげカバンを持ちながら歩きスマホ、現代の若者にありがちな光景です。

私から見ると本当に器用に歩くなぁ……と思います。

だって彼らはほとんど上半身や腕を振らないで歩く

【図－8】

んですもの。腕を振ってしまうとスマホの画面がブレてしまって、文字が読めなくなるからでしょう。何であんな歩き方ができるんでしょう。それは骨盤がまったく動いていないからです。カラダの連続性が失われているのです。

実は体幹、骨盤を使った人間本来の歩き方では歩きスマホなんてできないのです。

我々人間は脊椎動物です。脊椎動物は皆、体幹から四肢に動作が伝わっていくのが自然な動きです。歩きスマホの若者は体幹を使わないので、胴体がまったく動かない足だけのペタペタ歩きになっています。太古から続く脊椎動物の動きを現代人は失いつつあるのです。骨盤が死んでいるのです。

◉足だけ使ったペンギンウォークになっていませんか？

「何言ってるんですか。自分は歩きスマホでも両手がカバンでふさがっていても普通に歩

けますよ」と言う方。たぶんかなりの方が当てはまると思いますが、そういう方はもう両手をポケットに突っこんで歩いても肩も頭もブレないでしょう。その影響か、手ぶらでも腕をだらっと下げたまま歩く若者が多くいます。でも、それ、速く歩けますか？

この前、テレビで散歩番組を観ていたのですが、出演していた女子アナさんは見事に両手を振らずに歩いていました。私はこの歩き方を前方に重心を傾けて足だけでペタペタ進む様子から「ペンギンウォーク」と名づけています。確認する方法は簡単です。カラダの後ろで左右の手を繋いで歩いてください（【図－9】）。正しく骨盤が動いている場合、歩くと肩や首が左右に振れます。

呼吸は無意識でも寝ている時もできますよね。しかし呼吸をちょっと速くしようとすることもできます。逆に息を少しの間、止めることもできます。つまり、呼吸は意識的にも無意識でも対応できる半不随意運動とも言えましょう。それに対し、コントロールできないのが心

【図－9】

臓の鼓動や目の光彩の収縮です。心臓の鼓動を速めたりゆっくりしたりはできません。これらは完全な不随意運動と言えましょう。それと同じく人間が歩く時に腕は無意識に振られます。意識して大きく振ることもできます。つまり、腕振りもやはり半不随意運動なのです。しかし、現代の若者はもはやそれを失っているのです。

腕を動かさずに歩いても上半身が振れていない場合、骨盤が動いていないということです。歩いてみてもよくわからない場合、後ろに手を繫いだまま軽く走ってみてください。走るとさすがに骨盤はゴマカシが利かず動き出し、上半身は大きく振れると思います。そう書くと反論が来るかもしれませんね。ランニングは骨盤を固めて動かさないで走るといった指導が存在するからです。ハッキリ言って間違っています。野球、サッカー、テニス、ゴルフ。骨盤を固めてやるスポーツが存在しますか？スポーツの基本であるランニングも骨盤や上半身を動かすのが当然です。もちろんウォーキングもしかり。あまり意識はしていないでしょうけれど骨盤は動いているのです。

ペンギンウォークの場合、足をギッタンバッコンと前後に動かすだけで歩いています。なぜ本書ではペンギンウォークに警鐘を鳴らすのでしょう。若いうちはその歩き方でも足自体の筋力とバランス能力があるのでゴマカシが利きます。しかしそのまま年を取って足の筋力が衰えてバランス感覚も落ちた時には、骨盤が使えず頭や肩を横に振る、歩幅の縮まったヨボヨボ歩きが待ち受けているからです。

◉ペンギンウォークは高齢者のヨボヨボ歩きの原因になる

年を取ると大腿部の筋力が落ちてきて、歩幅が減少してヨボヨボ歩きになるといわれます。そしてとてもギクシャクした歩き方になります。それに対して数多くのウォーキング本が勧めるのは「肘を張り、腕を大きく振って、足を高くまっすぐ伸ばして、親指で力強く蹴り出して歩きましょう！」という元気なアスリートみたいな歩き方です。筋力が失われ元気に歩けなくなったご年配の方に「姿勢を正しましょう」とか「元気な歩き方をしましょう！」と鞭打つようなアドバイスは無意味です。

それができなくなってきているからヨボヨボ歩きになっているのに、そのことを元気でピンピン歩ける体育会系の指導者らが理解していないから、外見の目立つ部分だけ直そうとしてしまうのです。樹木の大切な部分は幹や枝ではなく地面の中に生えている根っこです。カラダの根っこは骨盤。根っこなくしては樹木は倒れてしまうし、地面から養分や水を吸収することができないのです。

◉長方形ウォーキングになっていませんか？

大抵のご年配の方は足幅を広く保ち、歩幅が狭くなるような歩き方になります（【図－10】）。足の筋力が落ちてきてバランスに自信がなくなると、転倒の不安から自然に左右の足幅を広げて立つようになります。そしてその分、歩幅が縮まり、常に膝が大きく曲がった状態で骨盤が後傾したまま前屈みで歩くようになります。左右の足の着地は大きく広がった2本のラインになり、上から見るとハシゴのように長方形の足跡ラインがつくようになります。そうなると左右の足に重心を移すことができず、足元が常にフワフワした状態のまま、おっかなびっくり歩くことになるのです。全ての動作も遅くなります。骨盤は当然動きません。では骨盤が動かない代わりにどこが動くようになるのでしょうか。

【図－10】

頭です。不安定なカラダのバランスを取るために、ご年配の方は

頭が左右に動いて頭フラフラのペンギンウォークになるのです。

赤ちゃんがようやく立って歩いた時もそうですよね。足幅が広く歩幅は狭い。どちらも体幹意識がなく骨盤が動かせていないからです。「赤ちゃんのように歩きましょう」と言う指導書もありますが、何を目指しているのか理解できません。頭をフラフラさせてガニ股で歩けと言うのでしょうか。四肢の中心である体幹の骨盤を意識し、率先して動かすことにより、末端の両手足が初めてバランスよく動き出すのです。

◉なぜASIMOの歩き方はヘンに感じるのか?

高齢者は骨盤を動かせず、膝が曲がった歩き方になりがちと指摘しました。

そこで思い起こされるのは近年、すさまじい勢いで進化を遂げている二足歩行式のロボットの技術です。ホンダの「ASIMO」や経済産業省の「HRP-2」、TOYOTAやSONYのロボット、海外だとGoogleのアトラス、NASAのヴァルキリーなどYouTubeを探せば色々映像が出てきます。彼ら(?)が歩いている姿を見ると共通の違和感を私は抱くのです。

それは「どのロボットも膝が大きく曲がったまま歩行している」ということ。人間のようにまっすぐ膝を伸ばせないのです。いずれも立っている時点で股関節や膝が少し曲がっていて、股関節や膝を曲げたまま歩きます。何となく老人たちの歩き方にも似ています。ＡＳＩＭＯが走る映像もありますが、歩く延長で股関節や膝を曲げたまま、足の回転が速くなっただけのように思えます。かがんだ姿勢でひょこひょこと足を曲げて進むさまは人間の走る動きとは天と地ほどの開きがあります。それはなぜでしょうか？

人間の歩行は地球上の他のいずれの動物とも違うのです。背骨や膝をまっすぐ伸ばし、踵をつけて歩く直立二足歩行です。単なる〝二足歩行〟の動物は、熊や猿、鳥類、エリマキトカゲなどたくさんいます。しかしこれらは骨盤が発達していないために、おっかなびっくりな歩き方で長時間の二足歩行には堪えられません。

人間がなぜ直立二足歩行ができるようになったのかというと、しっかり立つことができるように２００万〜３００万年の間に、骨盤と踵が他の動物に比べて大きく進化したからなのです。

ロボットの話に戻ると、彼らは概して歩行のために骨盤や上半身を使っていないのです。二足歩行式ロボットの開発映像を見たことがありますが、右足と左足の下半身だけのロボットで歩行実験をしていました。人間は「足が動いて上体を乗せて移動するものだ」という研究者の固定観念がそうさせたのでしょう。そのようにして作られたロボットは股関節と膝にサーボモータが内蔵されており、バランスを取るようにプログラミングされています。つまり、人間で言うとずっと股関節と膝が力んだまま。難しい言い方だと「ZMP(Zero Moment Point＝動力学的な重心位置)規範型歩行」といいます。骨盤を含む上半身は下半身に乗せられた動かない箱という概念です。ロボットの腕も「こんな感じで振っているよね」という外見上のプログラミングで振っているだけで、歩くという動作には寄与していません。それでは人間の歩き方には到底なりません。その後の人間の歩行の研究、そしてロボットの歩行実験が繰り返されていくうちに、胴体を含んだ上半身の動作が人間の歩行に極めて重要であることが再認識されるようになりました。AIは将棋や囲碁で人間に勝つようになりましたが、ロボットはまだ人間の歩行を模倣はできていないのです。

人間の歩行は、股関節や膝が脱力して足を振り子のように振り出されて進みます。これを二重振り子歩行といいます。あまり筋肉を使っていないのです。だから長時間歩けるのです。人間は骨盤を中心とした体幹が起動されて足に伝わって歩くのです。

人間もスマホ歩きなど本来の歩き方を忘れてしまうと、骨盤が動かない、足だけで歩く不恰好なペンギンウォークになります。ロボットと人間の違いを見せなくてはいけません。自分のカラダの真下を支持脚が通過する時は、膝を伸ばして歩きましょう。骨盤を使いましょう。骨盤をしっかり使うウォーキングを実践すれば、本来の人間らしい二足歩行を取り戻せるのです。「意識して歩くなんて無理だ、それに意識したって歩き方を変えられるもんじゃない」という声が聞こえてきそうですね。いえいえ、人間は意識ひとつで外見まで変えられるんです。

◉日頃からの意識や姿勢が歩き方を作ることが多い

バレエ学校に通っている少女たちは皆、小顔で首が長いですよね。そしてなで肩で一様に肩幅が狭いです。それは一体なぜでしょうか。そういう子をバレエ学校は集めているのでしょうか。

それは違います。

実はあの首が長いなで肩のバレリーナ特有の体型は日頃の訓練で作られます。肩を落とし背中側にグッと肩甲骨を寄せた姿勢で胸を張り、首をグーッと上に伸ばす意識を持ち続けるのです。子供の頃からそのような意識を続けることによりあのように体型が変わるのです。平背といって背骨のS字の湾曲ですらもかなり取り払われてしまいます。肩甲骨もペッタリしています。意識が姿勢と体型を作る好例と言えるでしょう。意識がカラダを変形させるのです。

そう思って街頭や駅中を見渡してみましょう。歩き方も一緒です。ひどい姿勢や無意識はそのまま汚い歩き方に表れます。そしてカラダ自体が歪んで、汚い形になっていきます。

典型例がガニ股歩きと内股歩きです。

◉ガニ股とO脚は違います

ガニ股というのは骨盤が動かず、膝や足首の方向が外側に向いて歩いている状態です。概してガニ股の人は、歩く時に踵から前に出す意識が強いのです。そして男性に多いのですが、自分を大きく誇示しようとしてガニ股になる人も多いです。まさに意識が歩き方を作る例ですね。そういう人は肩までイカらせて風切って歩いてます。ちなみに柔道をやっている人は皆ガニ股になるイメージがありますが、そうでもありません。普通に歩く柔道家も多くいるし、そもそもガニ股だとバランスが悪く投げられやすいのです。

「ガニ股＝O脚」と誤解している方がいますが、それも間違いです。どちらも一見すると膝が外を向いて、股が開いて足が閉じられていないイメージですが、O脚の場合、実は膝が内側を向いていることが多いのです。だから内側の軟骨が磨り減りやすいのです。バレエを習った人たちもつま先が外を向いた足のポジションや、プリエなどの基本動作からガニ股のように見える場合もありますが、股関節から外側を向いているので足のライン自体はまっすぐです。

【図－11】

◉内股はアニメキャラからの影響も多い？

歩き姿が「可愛い」といわれる内股（【図－11】）は、日本の女性特有のものです。

海外の人は日本に旅行にくると、「日本人の女の子はなぜ皆内股なのだ？」と驚くのだそうです。

最近はアニメ文化の影響で外国でもコスプレ好きの女性が内股で歩いたりするようです。

アニメやマンガの女性キャラクターはよく内股ポーズをとったり、歩いたりしていますからね。

元々は着物がはだけないようにして品よく歩くために身につけた所作なのかと思っていましたが、近頃の少女たちはミニスカートで可愛くみせようとして、内股ポーズで写真を撮ったり、わざと内股で歩いたりしているようです。

内股にすると骨盤が使えなくなるので歩くのはかなり遅くなります。

生まれつき内股の人もいますが、わざと内股にして、それがクセのようになってしまいそのようにしないと歩けなくなる人もたくさんいます。これも意識がカラダに及ぼす例です。

◉意識のなさがカラダを歪ませていく

経年変化で形作られた姿勢はなかなか直せませんが、意識をし続けることにより姿勢や歩き方を直せます。

そういう意味で日頃の意識やクセは大切です。意識やクセが立ち姿勢や歩き方、そして走り方を作ると言っても過言ではありません。

仕事場で猫背で座っている人は歩いている時も猫背で歩いているし、カバンを同じ肩に掛け過ぎて片方の肩が上がってしまっている人は、カバンを持たない手ぶら状態でも片方の肩が上がったまま歩き続けています。

椅子に座る時に必ず同じ足を上にして足を組む人、お尻の下に片足を折り畳む人、浅く座って猫背になり骨盤を後傾させてしまう人などなど……。

カラダを歪ませる原因を自分で作り出しているのです。

お子さんをお持ちの方はぜひ、歩く姿勢や椅子の座り方に気をつけてあげていただきたいと思います。

◉外反母趾はハイヒールで起きるという誤解

外反母趾に悩んでいる方も多いでしょう。

外反母趾は拇指球あたりに出っ張りが現れる症状と思われがちですが、その多くは親指が内側に曲がっていく症状です。最悪、親指の根元の骨が脱臼します。

多くは女性に見られ、ハイヒールをまだ履かない子供の時から症状が出始めることも多いです。また、アフリカなど裸足で生活する民族にも外反母趾は見られることから、ハイヒールの靴は要因のひとつでしかなく、歩き方や意識が大きく関わっているといわれています（そもそもハイヒールを履く女性全員がなるわけではない）。

子供の頃から強い内股意識があり、さらに足裏が内側に倒れ込むような間違った拇指球感覚で歩いていると、土踏まずがきちんと機能せずにアーチが崩れ、外反母趾を誘発します。

その場合インソールやサポーターやパッドなどを装着しても意味がありません。それらは対処であり治癒ではないからです。歩き方の意識を変えなければ解決になりません。

このように「意識」は本当に大切なのです。

姿勢は「意識」です。意識が「無意識」になるレベルまで姿勢を保つ、意識のクセづけをしましょう。

ウォーキングは意識ひとつで美しく生まれ変わるのです。

◉私の足首骨折の体験談

私は30代の時に右足の足首を骨折したことがあります。

入院は2週間の車椅子生活、そして2ヶ月もの間、地面に片足を着けることができず、松葉杖の生活を送りました。驚いたのは見る見る間に自分の足が細くなっていったことです。それも右足のみ。骨折してほんの1週間で左右の太腿やふくらはぎの太さに、見た目でハッキリと差が現れるようになりました。その時にお医者さんに伺ったのは「足裏の、主に踵の部分に体重を感じて歩くことにより、脳から『骨を強くしなさい、筋肉をつけなさい』という指令が出る」ということでした。つまり、足裏は骨や筋肉を強くする重力スイッチなのです。

　その重力を感知しているのは、骨細胞という骨の中に大量に埋め込まれた細胞です。骨細胞は網目のような構造になっており、重力や衝撃などの振動によって刺激されることで活性化します。骨は単なるパサパサなカルシウムの塊ではなく、中身は生きた骨細胞による動いている体組織なのです。骨の中で長い細胞突起を伸ばし、互いにネットワークを形成している骨細胞は、カラダに掛かる重力や運動刺激を感じ取るメカノセンサーの役割を持っていることが神戸大学と北海道大学の共同研究によって解明されました。人間は移動手段として立って歩くことによって、相互作用で重力を感じて骨や筋肉を強くできるのです。

　結局、私は足首を骨折して立てなくなり、もちろん歩くこともできなくなりました。つまり踵で地面を押せなくなったのです。重力スイッチは入らなくなり、足はどんどん細くなってしまいました。病院の指導により、寝そべって足の筋肉を強くするレッグエクステンションやレッグカールなどの筋力トレーニングを手術2日後から開始しましたが全然効果なし。大腿四頭筋の減少を食い止めるには至りませんでした。やはり人間は立つこと、そして歩くことによって筋肉をつけることができるのです。

　2ヶ月後にお医者さんの許可が出て歩行訓練が開始された時、私の右足の太腿は少女のような細さになっていました。不思議なことに左足は地面に着いて歩いているのでそこまで細くならず、ある程度は筋肉量も維持されていました。骨細胞は重力を感じない右足のほうだけ細くしてしまったのです。もちろん歩くのもおっかなびっくり。階段も手すりを離せずゆっくりしか上れません。改めて健康であることの大切さを、そして重力を感じながら歩くことの重要性を思い知ったのでした。立って歩くようになってから数週間後、それまで座りながら筋トレをしてもどんどん痩せ細っていった太腿に、スイッチが入ったかのように筋肉が戻ってきました。しかしそれでも足の太さが左右同じになったなと感じるまで1年以上掛かりました。かなり右足をかばうように歩いていたためにカラダに歪みが出ていたらしく、1年経ったあとも度重なる腰痛や肩凝りに悩まされました。

◉訓練した宇宙飛行士も地球帰還直後は立つことができない

そこで思い出したのが無重力状態で生活する宇宙飛行士が地上に戻ってきた時に、立つことができないほど筋力が弱って座っている映像です。

2011年にロシアのソユーズ宇宙船に搭乗し、5ヶ月半（165日間）の国際宇宙ステーション長期滞在ミッションを行った日本の宇宙飛行士の古川聡さんは、ツイッターでこのような報告をしています。

『地球帰還当日、気分は最高だが身体はまるで軟体動物のよう。身体の重心がどこだかまったく分からず、立っていられない、歩けない。平衡感覚がわからず、下を見ると頭がくらくらして気分が悪くなる。歩くつもりで足を出すが、太腿が思っているほど上がっておらずつまずく』

『無重量環境では、自分の脚の重さを考えないでよいので、わずかな力で脚を上げることができた。地上でも脳は、わずかに脚の筋肉を動かすことで歩けると判断して指令を出した。しかし、地上では太腿はほとんど上がっておらずつまずきやすかったものと推測』

宇宙飛行士といえば当然、健康で脂が乗りきった年齢、そして多くの体力的訓練を積んだ選び抜かれたエリートたちです。

その人たちが宇宙から帰ってくると老人のようになってしまうのです。そして赤ちゃんのように立つこともできなくなってしまうのです。最大の理由は「重力」を感じなくなること。宇宙では重力を感じないので、姿勢を保つための抗重力筋を使わなくなります。無重力の環境では姿勢を保つ必要もなくなるので、バランス感覚も失われます。そのために脳は「骨を強くしなさい」、「筋肉を作りなさい」という指令を一切ストップしてしまうのです。

それだけではありません。「骨は必要ない」と判断した脳が、宇宙では骨を溶かす「破骨細胞」を活性化させていることがわかったと東京工業大学のチームが英科学誌ネイチャーに発表しました。脳は骨を強くするのをやめるどころか、弱めて破壊する指令を出すのです。

恐ろしいことに宇宙に行ったその日から、骨よりカルシウムの溶出が起き、尿中のカルシウムの排出量が増加します。もちろんカルシウム剤などを飲んでも効果はありません。浴槽の栓を抜いていれば、お湯を注ぎ足してもドンドン減っていくのと同じです。それも重力に対して重要な役割を持つ大腿骨、脛骨、脊椎からのカルシウムの溶出が顕著になります。もちろんそれに付随する抗重力筋もあっという間に衰えてしまいます。そして最も衰えてしまうのは足の筋力なのです。

「宇宙なんてＩＴ会社の社長じゃあるまいし、一生行く機会もないから自分には関係ない話でしょ」

そんなことはありません。簡単にほぼ同じ現象は地上でも作り出せるのです。どこでしょうか。長い間ベッドなどに横たわることです。いわゆる「寝たきり」です。誰でも起こり得ることです。

◉母の車椅子生活

私の母は90歳になります。老人ホームに入所して3年目に部屋の中で転びました。幸いにして骨折はなかったのですが、痛みがなくなるまで車椅子生活になりました。途端に足は重力を感じなくなり、太腿はほっそりとして筋肉が失われていきました。

そして腰や背骨、太腿の裏など筋肉で保持していた緩衝材がなくなり、キリキリと痛む神経痛が出るようになってしまいました。歩くリハビリのたびに痛みが出てしまい、母は歩く気力をなくしてしまったのです。

それでもホームの療法士さんはあの手この手で母をリハビリに連れ出そうとしてくださったのですが、一度切れてしまった気持ちは元に戻らず、それ以来、母は寝たきり、座りきりになってしまいました。結局、下半身の筋力が衰えると上半身の筋力もなくなります。車椅子の肘掛けから立つこともできず、トイレの手すりを掴むことすら不自由になってしまいました。

◉寝たきりだと1日当たり150㎎のカルシウムが失われる

1980年にNASAが25歳から55歳までの健常者2500人（職業、国籍は多岐にわたる）をベッドの上で絶対安静にする実験を行いました。実験結果は驚くべきものでした。

1日寝ていただけでも眩暈が起き始め、寝たままの姿勢で漕ぐエアロバイクを1日2～4時間続けても抗重力筋が衰え、体幹を構成する大腿骨や脊椎からのカルシウム溶出を阻止できませんでした。

ベッドにずっと寝ているると1日当たり150mgのカルシウムが失われます。牛乳瓶の3分の2程度のカルシウムです。これはカラダ全体のカルシウムの0・5%に相当します。若者でも病気やケガの療養で同じことが起きるということです。20日間、寝たきりで過ごすとカラダ全体の10%のカルシウムが溶け出してしまうのです。これは大変恐ろしいことです。

宇宙飛行士のカルシウム溶出は1日当たり0・8%。宇宙に行ったその日から尿中のカルシウム排出量が増加します。

宇宙飛行士は帰還後、筋トレなどのリハビリ中は足幅を広く保ち、歩幅を狭くして歩くようになるといいます（ジョーン・ヴァーニカス『宇宙飛行士は早く老ける？　―重力と老化の意外な関係』朝日選書）。まさにお年寄りの長方形ウォーキング！あなたの周りにも若いのに歩幅が小さくなって左右の足幅を広くして歩いている人はいませんか？（30ページ【図－10】）

他にも重力を感じない状態では睡眠障害、バランス感覚の喪失、味覚の障害、高血圧に

■加齢による筋肉の衰え　出典：老年医学 2010：47：52-57

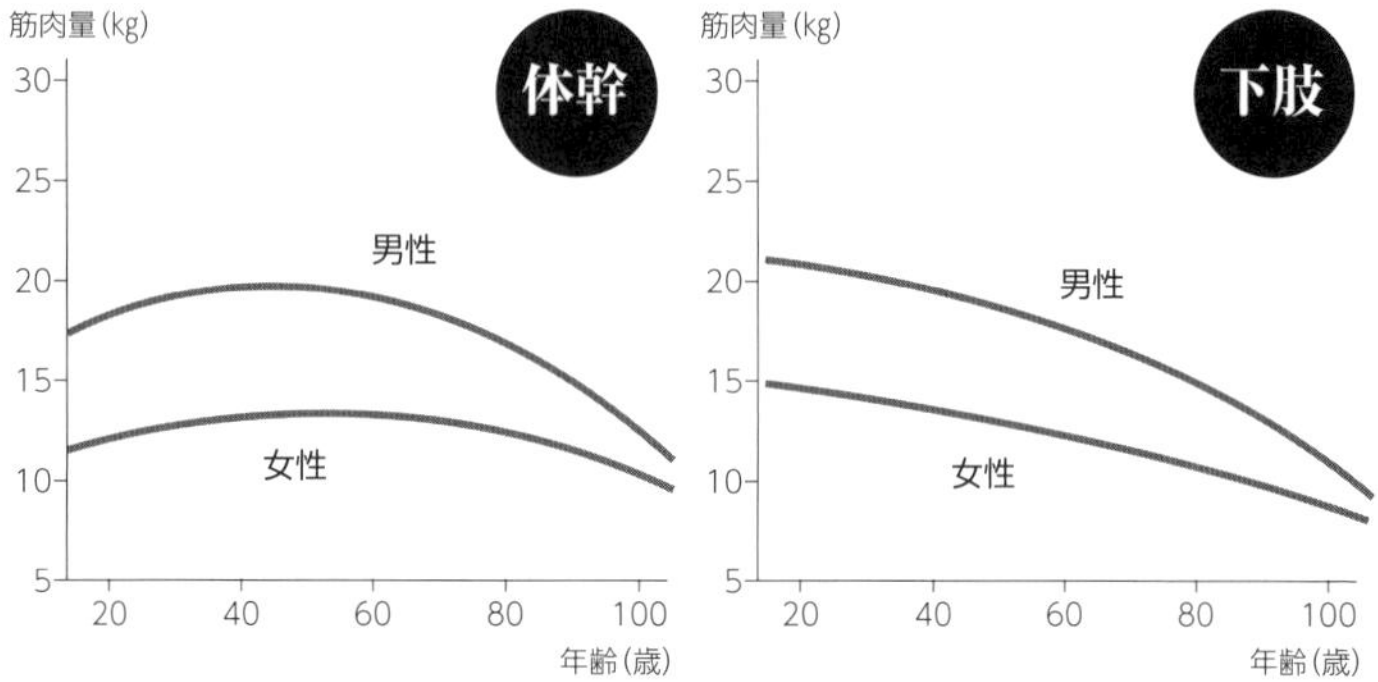

なる、下肢の浮腫、抑うつ状態になることが報告されました。

筋肉の老化は、まず足から始まります。上記のグラフを見ると、上肢や体幹に比べ、下肢の筋肉量は年齢とともにどんどん下降していきます。大腿四頭筋の筋肉量は、25歳くらいでピークを迎えた後、加齢により減少し、60歳では25歳時の約60％にまで落ちます（越智隆弘『最新整形外科学大系 スポーツ障害』中山書店）。

2週間ギプスを巻いて下肢の筋肉を使わないでいると、ハムストリングスの筋力は約14％衰え、大腿四頭筋の筋力は約20％落ちることがわかりました（櫻庭景植『運動療法としての筋力トレーニング』東京都医師会健康スポーツ医学研修会）。

大腿四頭筋は、歩く速度に関係する、カラダの中でも大きな筋肉のひとつです。近年、病院で手術を

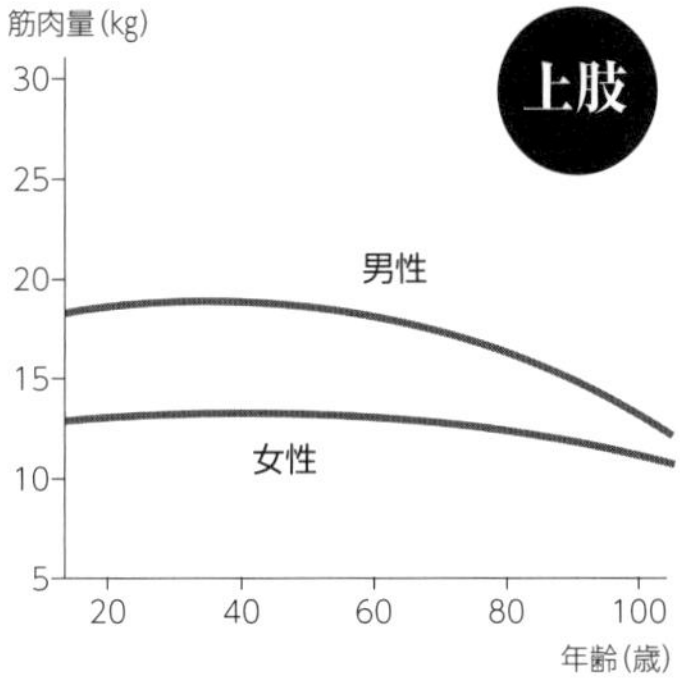

した人はおわかりだと思いますが、手術をした次の日からでも歩行訓練は始まります。それほど足の筋肉は衰えやすく、衰えてからだと回復に大変時間が掛かることがたくさんの臨床現場から報告されているからです。大雑把にいって、1日寝たきりでまったく動かないでいると、心肺機能を示す最大酸素摂取量は0・9%低下します。ランニングをする人には致命的ですね。

◉長時間座っているとタバコを吸うより寿命が縮む!?

危険なのは横たわっている状況だけではありません。

イギリスのスポーツ医学雑誌『British Journal of Sports Medicine』オンライン版に発表された研究では、オーストラリア糖尿病学会が行った「オーストラリア肥満・生活習慣研究(AusDiab)」や、オーストラリア国民健康調査のデータを検討した結果、テレビを1日平均6時間視聴すると、まったく見なかった場合と比べて4年8ヶ月も寿命が短くなってしまうという結論が導き出されました。じっと座って1時間テレビを見ることで、寿命が約22分縮んだことになるのです。

肝心なのはテレビそのものが悪いのではなく、「座る」行為がカラダによくないということです。

テレビに限らず、オフィスでじっと1時間座っていても、クルマを1時間座って運転していても寿命が22分間縮むことになります。ちなみにタバコは1本吸うごとに寿命が11分縮むといわれています。単純計算すると、1時間座って仕事をするほうが、タバコを1本吸うよりも寿命が縮むのです。

カナダ・トロントの研究チームが、座る時間が長い生活スタイルについて調べた47の調査結果を分析したところ、座る時間が長いと心血管系の疾患や癌、2型糖尿病などの慢性疾患を発症して死に至る確率が高まることがわかりました（CNN, January 21, 2015）。

とくに1日当たり8〜12時間以上座っていると、2型糖尿病を発症するリスクは90%高くなるといいます。その理由の大きな部分は運動不足。座ると下半身の筋活動がほぼ停止します。第二の心臓といわれるふくらはぎも動かなくなりポンピング作用ができなくなります。踵の重力スイッチも入りません。それらが肥満や糖尿病リスクを高め、結果として寿命が縮まってしまうのです。1日に座る時間を3時間以内に抑えられれば、平均寿命は2年上昇するといわれています。

大人だけではありません。米国小児科学会や東北大学の調べによれば、子供でも肥満率が高くなる上に、理解力や表現力の低下などの悪影響も出ることがわかりました。座ったり寝たりする時間が長い生活スタイルは、間違いなくカラダに悪いと言わざるを得ないでしょう。

第2章

これがホントに
模範的ウォーキング？
厚生労働省推薦の
「理想の歩き方のフォーム」がヘン！

◉正しく歩けば、こんな健康効果アリ！

運動不足が健康に悪影響を及ぼすことが広く知られるようになったためか、最近では毎日の生活に運動を取り入れているという方が増えてきました。

中でも手軽にできる運動として、幅広い年齢層で行われているのがウォーキングでしょう。

今や日本のウォーキング人口は４０００万人を超えたともいわれています。

ウォーキングには大きな健康効果があるといわれています。

心肺機能を高め、血液の循環を促し、基礎代謝を高めます。結果、足や体幹の筋肉や骨量の維持は元より、癌やうつ病、認知症の予防、肥満による高血圧、糖尿病、高脂血症、骨粗鬆症の防止、自律神経の改善、ストレス解消など数えればきりがありません。

よく筋トレのトレーナーは筋肉をつけることが大切だから、負荷の掛けられないウォーキングなんて意味がないといいますが、週2回ジムで2時間の筋力トレーニングをしている人よりも、毎日朝晩30分の通勤ウォーキングをしている人のほうが遊離脂肪酸や血糖値、総コレストロールなど血液成分値が良好という結果が出ています。まさに日々のウォーキング最強です。

歩くことで骨が重力を感じ、筋肉も維持できるし、刺激を受けて免疫細胞が多く作られるようになります。骨は肝臓の脂肪の貯蔵にも影響を与えているといわれています。血糖値を下げるインスリンの分泌にも骨は関係しており、骨芽細胞が減少すると糖尿病のリスクが高まり、骨髄にある造血細胞も減るために、赤血球も減少します。骨から溶け出たカルシウムが血管に沈着して動脈硬化が進むこともあります。

筋肉は人間のカラダで最も熱を作り出す機能を持っています。寒いところにずっといるとブルブルとカラダが震えてきますよね。あれは皮膚が震えているのではなく筋肉が震えているのです。人間は恒温動物で常に36～37度の体温を保っていますが、低温にさらされると、脳内の体温調節中枢が骨格筋に強制的に「震え」を起こさせて熱を作りだそうとするのです。

筋肉が少なくなると、体温が下がり、基礎代謝も下がります。基礎代謝とはじっとしている時でも生命活動を維持するために生理的に行われている、呼吸、体温調節、内臓などの活動に必要なエネルギー消費のことです。人間が1日に消費するエネルギー量の約60～70%程度はこの基礎代謝に当てられます。基礎代謝が落ちれば、カロリーが消費されにくくなって、メタボリック症候群の原因である内臓脂肪が増加してしまうのです。

内臓脂肪が過剰に蓄積されると脂質異常を引き起こして動脈硬化が進行し、脂質と糖質の代謝をコントロールしているインスリンの分泌を起こしてインスリンの働きを弱めてしまいます。それらが高血圧、血栓、糖尿病や癌の元凶になります。加齢とともに基礎代謝は徐々に落ちていきますから、筋肉量を維持しようと意識することは大切なのです。

◉1日1万歩の標語はどのように作られたか

ここまでウォーキングが健康によいということを書いてきました。そこで気になるのが、「どれだけ歩けばよいのか」ということです。

『健康日本21』という、厚生労働省が策定した国の健康政策があります。その取り組みの一環として、2006年に「健康づくりのための運動指針」が出され、その中で「いつでも、どこでも、楽しく歩こう1日1万歩」という標語が示されました。この「1日1万歩」がウォーキングのひとつの目安になっています。

しかし、この「1日1万歩」は医学的な根拠から生まれたものではないとする説もあります。簡単に歩数を計ることができる機械に歩数計があります。最も有名な商品は、山佐時計計器株式会社（YAMASA）の「万歩計」でしょう。この商品は1965年に発売された当初、最大1万歩まで計測できたために「万歩メーター（後に万歩計に改称）」と名づけられました。この商品があったために５０００歩や２万歩ではなく、１日１万歩という標語が作られたともいわれています。しかし、そこで誤解が生じました。「毎日１万歩さえ歩いていればＯＫ」という認識が広まったのです。

それをさらに推し進めたものが、「毎日１万歩をとにかく歩かなくては健康になれない」、そして「歩けば歩くほど健康になる」という考えです。私が以前参加していたＳＮＳ系の散歩サークルでは、１日歩いた後の打ち上げで会員さんたちが歩数計を確認して「今日は２万歩歩いた〜」とか「私は駅からだから３万歩！」とか、その日に歩いた歩数自慢をしていました。

私はその会話をポカーン……としながら聞いていたのですが、後から考えてみれば彼らは厚生労働省の標語を一所懸命、がんばって遂行していたのです。

◉１日どれだけ歩いたかはそこまで気にしなくてよい

国の健康指針である「１日１万歩」にはさほど根拠がなく、無理に１万歩も歩く必要がないことを述べました。

それでは一体どのくらい歩けばいいのか、気になっている方も多いのではないでしょうか。

本書では「大転子ウォーキング」というウォーキングエコノミーを突き詰めた正しい歩き方を提案しますが、1日の歩数や歩く距離にはとくにこだわっていません。

第1章で述べた通り、長時間のデスクワークやクルマの運転など座ったり寝転んだりする時間が長い生活を続けると、運動するしないにかかわらず心血管系の疾患や糖尿病などを発症するリスクが高まり、寿命が縮まる、とする研究結果が多く示されているからです。

ウォーキングで「毎日1万歩」を実行していたとしても、あとはゴロンと寝そべっていたり、仕事やパチンコで長時間座りきりの生活をしていたら、その効果は帳消しになってしまいます。プロやオリンピックレベルのアスリートが正しい食事を摂って、スポーツを毎日していたとしても、その他の時間に長時間座っていると死亡リスクを身体活動にはまったく無関係に上昇させてしまうのです（Ann Intern Med. 2015, Jan ,20）。

それらの研究報告を受けて米グーグル社やフェイスブック社やツイッター社など、時代の先端を行くIT企業、そして国内ベンチャー企業もこぞってスタンディングデスクを導入しました。しかしずっとその場に棒立ちというのも、はたしていいものかどうか疑問符がつくところではあります。というのも私の周りでは本屋さんでずっと立ち読みをしたり、何か行列にずっと立って並んでいると腰が痛くなってきてしまう人が何人もいるからです。

私は結局、立っているだけだと血行が悪くなるのではないかと思っています。関節を動かすことが大切なのです。立っているだけでは不十分なのです。歩かないと。実際、スタンディングデスクもどうやら一時の流行でかなり廃止されていると聞きます。

人間のカラダは夜に寝る時間以外は活動的に生活するように太古から設計されているようです。

なるべく歩いて、なるべく動く。

いちいち1日何歩歩いたか気にするほうがストレスになり不健康です。思えば前述のお散歩サークルで歩数自慢していた方たち、例外なく太っていらっしゃいました。おそらく普段はほとんど動かない生活をしているのでしょう。

ちなみに「1日1万歩」はどのくらいの時間と距離になるのか、考えてみましょう。

おおまかに言うと1000歩は約10分の歩行で得られる歩数であり、距離としては600〜700mに相当するとされています。計算すると1万歩は1日に合計で1時間40分歩くこと。……それってちょっと長くないですか?しかも毎日なんて。距離でいうと6〜7kmとなりますね。おおよその距離で東京駅から品川駅まで歩く感じです。

関西で言うと大阪城からあべのハルカスくらい。まぁ、かなりの距離ですよね。

厚生労働省の『健康日本21』が2013年に全面改正されました。その中で成人の1日あたりの歩数は平均で男性8202歩、女性7282歩であり、1日1万歩以上歩いている者は男性29・2％、女性21・8％であるとされています。ゆえに改正版では当面10年間の目標として、男女とも歩数の1000歩増加を目指し、1日平均歩数の目標を男性9200歩、女性8300歩程度に設定しています。

目標歩数は、あくまで目安です。これは意味があるのでしょうか？

目標歩数の達成よりも、長時間の座りっぱなし、寝たきりを改善する方が重要です。もちろん他の運動をしていたらかなり歩数は減らしてよろしいでしょう。主婦の皆さんの掃除、洗濯、買い物などもかなりの運動です。歩数はあまり気にせず、適度な疲労感を得られる自分にあった距離を楽しみながら歩きましょう。

◉歩けば歩くほど健康になるという言葉の落とし穴

無理をして歩くことは真夏の暑い日中だと熱中症に陥ったり、寒い時期や体調が悪い時だと呼吸器疾患や循環器系の疾患を悪化させることもあります。さらに間違ったウォーキングを続けていると外反母趾をはじめ、足底筋膜炎、膝や腰の故障などを引き起こす場合があるのです。

「健康のために歩きなさい」とよくいわれますが、それは正しいフォームでウォーキングしていた場合の話です。ランニングでも距離信仰というのが存在しており、ゆっくりでもとにかく距離を走る練習をすればマラソンが速くなると信じられている向きもありますが、実際大切なのは量よりも質なのです。歩き方を間違えてむやみやたらに歩くと、逆に健康を害する結果となってしまいます。では、歩数をちょっと減らして7000歩?8000歩?いえいえ、歩き方を間違っていたら少々減らしたところで変わりません。

私の知人の60代後半の男性は散歩が健康にいいと信じて、20年近くほぼ毎日していました。アップダウンのある家の周辺を10㎞。大股で歩く健脚自慢でした。ところが段々と足に違和感を覚えるようになり、痛みを感じつつも習慣となっていたので、やめるにやめられず日々散歩を続けていました。ある日、足裏に激痛が走り、次の朝、起きた直後は足を引きずるほど痛くなってしまいました。整形外科を受診してレントゲンを撮ってみたら、踵の骨が変形しており、完全に痛みを取るにはもう手術しかないと言われてしまいました。足底筋膜に引っ張られて骨棘というでっぱりができてしまっていたのです。今は痛み止めを飲みつつ、保存療法で様子を見ていますが、大好きな散歩はあまりできなくなってしまいました。

ほかにも興味深いニュース記事をみつけました。

2013年、福岡の会社が新人社員研修で24㎞を4時間で歩く集団歩行訓練を実施して、元社員の男性が両膝関節挫傷などと診断され、関節可動域が狭まる障害が残り、障害のために退社せざるを得なくなって損害賠償を求める訴訟を起こしたそうです。この元社員は新人といっても研修当時は48歳で体重は１００kg近くあったそうです。24kmを4時間というと、時速6km。かなりの早歩きです。この体重で時速6kmのスピードで24kmというのは、膝や足首を痛めてもおかしくないと思います。そして彼はどのような歩き方をしたのでしょうか……。気になります。

これらの事例は、「歩けば健康になる」という言葉が全ての人々に当てはまるわけではないことを如実に示していると思います。足が元々強い人は何万歩歩いたってへっちゃらでしょう。カラダが生まれつき弱く風邪を引きやすい人がいるように、足腰が生まれつき弱い人がいます。腰椎、股関節、膝、足裏……、部分的に問題を抱えている人も多くいます。体重が故障の引き金になる場合も多いです。ちょっとした運動でもすぐ足が痛くなってしまう人もいます。足腰に元々弱い部分がある人はまず歩き方＝ウォーキングのフォームを正すべきです。

◉北朝鮮の軍隊パレードの歩き方を礼賛するお医者さんに唖然

我々人間は脊椎動物です。脊椎動物は皆、体幹から四肢に動作が伝わっていくのが自然な動きです。ところが物心ついた時にはそれを消し去ってしまうような教育がなされます。

幼稚園や小学校の体育の時間や運動会で行われる、隊列を組んだ軍隊のような集団行進です。「もっと大きく腕を振って！足を高く上げて！背筋はまっすぐ胸を張って！イチ！ニィ！イチ！ニィ！」と指導されて、体幹からうねって手足が動く意識は取り払われてしまいます。体幹はカチカチの箱、そして手足はそれに繋がっているまっすぐの木の棒のような感覚です。

私たち人間は、手足を動かすことによって固まった胴体が受動的に移動するのではありません。頭と胴体が移動するために能動的に四肢を動かすのです。順番を間違えてはいけません。ウォーキングで重要なのは骨盤の意識です。骨盤が動いて足に伝わっていく動きが大切なのです。

しかし、ウォーキング指南書には手足を思いっきり振って歩くのが正しいという、末端意識を助長させるような文言が数多く並んでいます。

世の中、色々なお医者さんがいます。国家資格の医師免許をお持ちだとしても、素人の私でも「ええ？」と思ってしまう不思議な健康法や健康食品を薦める先生が後を絶ちません。先日、お医者さんが書いたウォーキングの本を読んだのですが、とても驚いたのはその本で勧めている歩き方！何と北朝鮮の軍事パレードの歩き方をいいお手本に掲げていました（62ページ【図－12】）。あんなにそっくり返って、「ザッ！ザッ！」と靴音を立てなが

【図−12】

ら、足を放り出すように歩いていたら、すぐに疲れてしまうし、足を痛めてしまう危険性もあります。

その本を書いたお医者さんは街中でも、あの兵隊さんたちと同じように「ザッ！ザッ！」と大股で歩いているのでしょうか。

◉元気よく大股で足を振り上げるウォーキング意識は大間違い

一見、元気に歩けそうで間違っていないように思えますが、軍隊の行進式の歩き方こそ股関節の動きを間違えているウォーキングの最たる例です。あれでは骨盤が使えません。

日本人は欧米人に比べて足を伸ばさないで歩くといわれます。歩幅が短く膝が曲がった歩き方だと形容されます。第1章にも書いたペンギンウォークの若者も同じように小さい歩幅でちょこちょこ歩きますよね。お医者さんはそこから軍隊の行進式の歩き方が理想的なフォームに感じたのでしょうか。

ウォーキング教室でも「欧米人のように足をピンとまっすぐ伸ばし、膝を曲げないで足を振り上げなさい」と指導されることもあるようです。しかしまさに外見だけしか見えていない誤解です。

重要なのは足の付け根の位置です。なぜ欧米の人は足をまっすぐ振り上げられるのでしょう。

無理してがんばって「エイヤッ!ソイヤッ!」と持ち上げているようには見えませんよね。足が長いからそう見える?筋力が違う?……実は足の付け根の意識がそもそも違うのです。

彼らにとって足の付け根は骨盤なのです。骨盤から足は鞭のように振り出されているから、楽に前に出るのです。鞭を打つ動きをみると、キッカケになる手首の動きはとても小さく、その後、鞭の末端には大きなエネルギーと動きが伝わります。ウォーキングも同じように骨盤はキッカケ作りに軽く楽に動かすだけなのです。足を振り回そうという意識ではなく、骨盤がちょっと動いただけで足が振り子のように勝手に歩き出してしまう。これが理想のウォーキングです。

【図－13】

股関節を前に曲げて腿上げのような動きになってしまうと、必要以上に膝が上がるロボット的な動きになってしまいます。それではお尻が落ちて骨盤は動きません。

10ページの図（【図－1】）をご覧いただければわかるように、大腿骨は骨盤の左右両側に繋がっています。欧米人はお尻をプリプリ動かして闊歩しますが、日本人は往々にしてお尻をうまく動かせません。だから日本人はタレ尻の人が多いですよね。

日本人は伝統的に控えめなのか、学校で教えられた「まえへ、ならえ！イチ！ニッ！イチ！ニッ！」という行進のせいかお尻をあまり振らずに歩きますが、これはお尻の下に太腿がくっついている、つまり、足の付け根は骨盤の真下にあるという思い込みもあると思います（【図－13】）。腰の真下に2本の足があるというロボット的な意識が強いから、体幹が固まり骨盤をうまく使えていないのです。

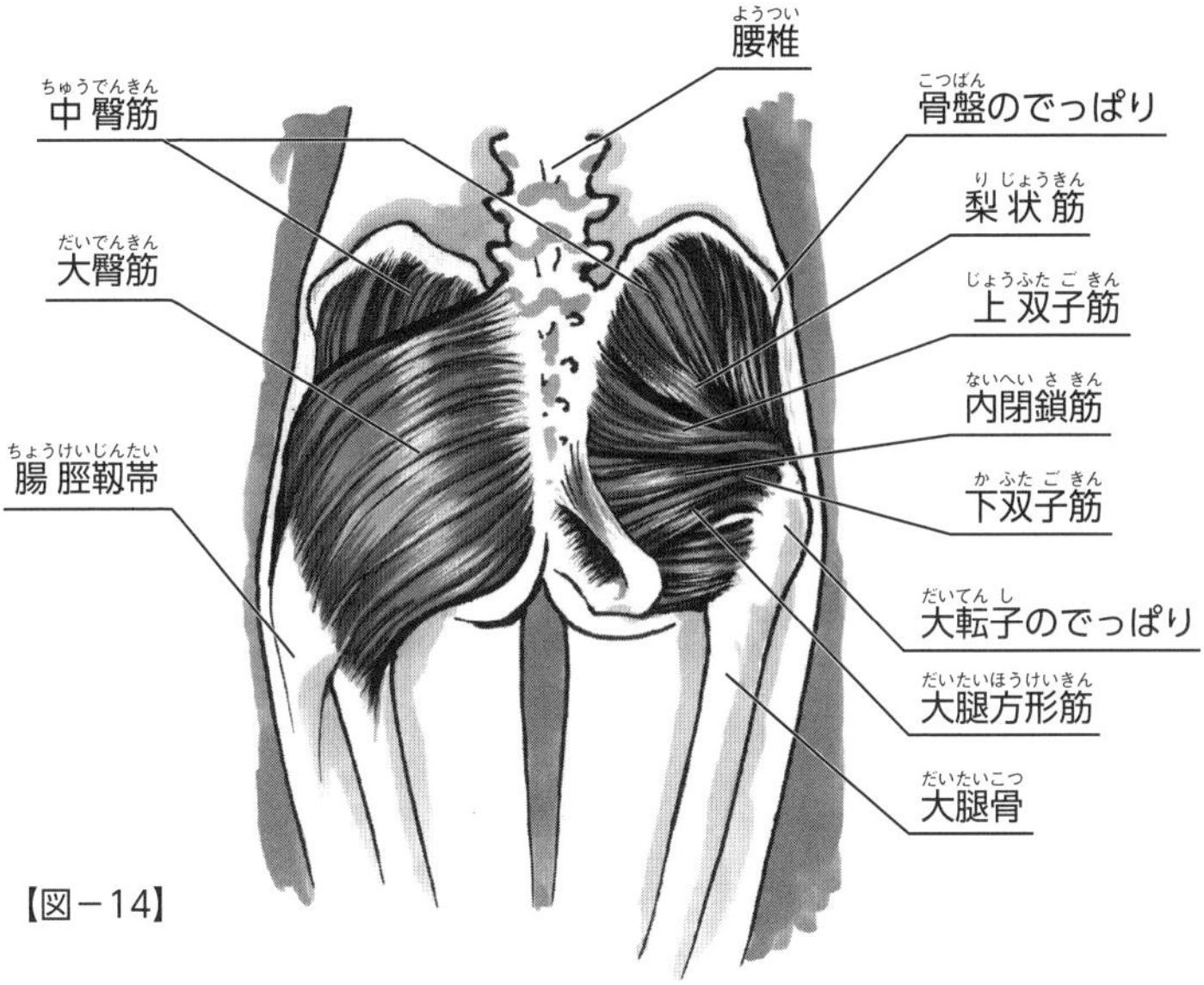

【図－14】

それを助長するのが「頭を天から糸で引っ張られるように歩きましょう」という意識づけです。ますます骨盤が伸びきって足を真下で前後する動きになってしまいます。腰が落ちた姿勢、いわゆるヘッピリ腰になってはいけませんが、歩くというのは骨盤を三次元的に動かして、その先で足が動く感覚なのです。骨盤を動かすのは無意識。しかしまったく固まっている場合は慣れるまで動かす意識を入れたほうがよろしいでしょう。

それでも前出のお医者さんは足を前後にギッタンバッコンさせながら歩くのでしょうか。

ならばさらにコチラの図を提示しましょう（【図－14】）。

これはお尻の筋肉がどのようについているかを示した図です。ご覧の通り、一番大きなお尻の筋肉、大臀筋は骨盤の中央部分から大腿筋に向かって斜め横に走っています。そしてその中を中臀筋や、上下双子筋、梨状筋、内閉鎖筋、大腿方形筋などが横に伸びています。この筋肉のつき方を見ていただければ、人間はどのように歩くべきかが一目瞭然ではないでしょうか？これでもまだ縦に動かしたいですか？

人間の足は腰の下からギッタンバッコンと、蝶番《ちょうつがい》のように前後に振られているのではないのです。正しくは左右のお尻が交互にスライドして歩いているのです。

「そんなカラダの中がどうなってるか何かどうでもいいよ！今でも歩けるんだから」

そうおっしゃる方もいるかもしれません。しかし、正しい意識を持つだけで筋肉の動きはずいぶんと変わってきます。骨や筋肉がどうついているか、どう動いているか理解しているだけでウォーキングエコノミーはずっとよくなるのです。

また動きを意識するだけで筋肉のつき方が変わっていきます。大臀筋の場合、タレ尻からキュッと締まった張りのあるお尻に生まれ変われます。意識をするというのは、それだけ重要なのです。今は携帯電話のカメラ機能でビデオも撮れる場合が多いですから、一度、自分の歩き方を動画で観てみることをお勧めします。「こんな猫背で歩いているのか！こんなガニ股だったのか！こんな横に腕振りしてるんだ！」きっと驚くと思いますよ。

◉厚生労働省の理想的な歩き方のフォームがヘン

69ページの図（【図－15】）は厚生労働省が2006年に出した「健康づくりのための運動指針」に掲載されている「速歩の理想的なフォーム」と呼ばれるものを模したものです。

私もマラソンをやって正しいランニングフォームの意識に目覚める前は、まさにこの厚労省速歩の理想的なフォームで早歩きしようとしていた、と言っても過言ではありません。でも、この歩き方では全然遅かったのです。今思うに速く歩こうと思えば思うほど大股歩きにして地面をつま先で蹴っていたと思います。それでもスタスタ歩く人にすんなり抜かれていました。すごく疲れるし「やっぱり自分は足が短いんだな……、だからなんだな、しゅん……」と思っていました。

実はまったくの勘違いだったのです。こんな歩き方をすればするほど遅くなります。速歩でも何でもありません。「膝と足を伸ばす」「踵から着地」「歩幅はできるだけ広くとる」「腕は前後に大きく振る」。これらは全身に力を入れ過ぎてしまいギクシャクとした歩き方になってしまいます。皆さんはスポーツをする時に「もっとリラックスして！」とアドバイスされたことはありませんか？そう、カラダは力を入れてしまうと無駄に疲れるし動きが固くなっていい動きができなくなってしまいます。ウォーキングだって同じです。大切なのはリラックス。疲れるような歩き方は嫌ですよね。

まず大前提として厚労省速歩で指摘するべき欠点は、とても重要な「骨盤」については何も説明していないことです。この速歩のフォームには骨盤の意識が一切ないのです。

自動車で大切なのはエンジンですよね。人間の歩行のエンジンは骨盤です。その重要なエンジンを無視して、ただ目に見えるタイヤだけを大きくしているのが、この歩き方なのです。

このようなイラストと意識はこぞって多くのウォーキング指導本やウォーキング関連のホームページで正しい歩き方として掲載されています。

そのためか、公園でウォーキングしているほとんどの方がコレをお手本にしているのだろうなと見受けられるフォームで歩いています。先日観たテレビのお散歩番組でも女子アナウンサーが肘を曲げて歩いていました。この問題もとても根深いです。何しろ国家が太鼓判を押しているのですから。

厚生労働省の掲げる「理想的な歩き方」には、他にもおかしな点がたくさんあります。これから一点一点、その誤りを正していきましょう。

■厚生労働省が勧める速歩の理想的なフォーム　【図－15】

(に加えて、巷のウォーキング本に書いてある正しいとされる歩き方のポイント)

★視線は遠くに、
アゴは引く
■目線は数十m先
★腕は前後に大きく振る
■体をよじりながら、腕を後ろに引くイメージで腕を振る
★肩の力は抜く
■肘は直角に曲げる
★胸を張る
★背筋を伸ばす
■お腹を突き出す感じで腰を反らす
★へそ下三寸(丹田)を意識
■お腹は引っ込める
■お尻の筋肉を引き締める
★膝と足を伸ばす
■踏み出す足はあたかも「1本の棒」のように
■後ろ足は膝をしっかり伸ばす
★歩幅はできるだけ広くとる
■腕を後ろに引く勢いで歩幅を広げる
★踵から着地
■着地する時は足首を90度に曲げてつま先を高く上げる
■つま先で強く地面を蹴り出して進む

「厚生労働省　健康づくりのための運動指針 2006（エクササイズガイド 2006)」からのポイントは★印。その他の著名なウォーキング指導本の説明は■印。

――その1「膝はまっすぐ伸ばしてつま先を上げて踵から着地する」――

厚生労働省の理想のフォームでは、膝をまっすぐに伸ばし、つま先を上げて踵から着地することを推奨しています。ベタ足で着地するとどうしても膝が曲がりやすくなるので、膝に負担が掛かりやすく、膝を痛める原因になると解説されています。

膝を曲げると痛めるというのはどのような根拠があるのでしょう。膝は曲がるために作られた大きな関節です。マラソンでは世界記録保持者のケニア人トップランナーから、日本の実業団、箱根駅伝の大学生、そして一般の市民ランナーまで膝を曲げて着地しますが、そのことはどう説明されるのでしょうか？歩くより着地衝撃が強く膝を痛める危険性も高いであろうランニングでも全員膝を曲げているんです。膝をまっすぐにして着地している人なんていません。

足の裏も土踏まずのアーチがあり着地衝撃を和らげるようにできています。背骨もSの字に湾曲して着地の衝撃を吸収するようにできています。

つまり、人間本来の前に進む動きは、膝を曲げて着地の衝撃を吸収し、歩いたり走ったりするようになっているのです。それをごまかすように膝を曲げずに踵からガンガン着地できるのは現在のクッションが利いたシューズの性能に頼っているからです。試しに裸足で膝を曲げず廊下や体育館の床に踵からガンガン着地してみてください。ありえないくらい大きな音が出て、すごい着地衝撃を受けることになると思います。この衝撃はどこに消えているのでしょうか。分厚いシューズが吸収？そうではありません。踵は感じずともアキレス腱、ふくらはぎや脛、膝周りは鈍い衝撃を受け続けているのです。

中には「つま先を上げて踵から振り下ろして着地しなさい」という極端な指導例もあります。つま先をなるべく上げて歩いたほうがよいらしいです。そして踵から振り下ろす。裸足で着地してみたら相当、踵が痛くなると思います。長距離は歩けないですよね。

驚くべきことにその指導書は「ウォーキングは正しくやるとつま先を上げる筋肉を使うから痛いのだ。ウォーキングが楽というのは正しいウォーキングをしていないのである」とまで言い放っています。つま先を上げる意識が強いと前脛骨筋という脛の部分が痛くなります。実際にそうやって歩いている方は脛の筋肉がパンパンに張っているでしょう。単純に無駄な力みによる局所疲労です。いちいち筋肉痛を感じながら歩かなくてはいけないのでしょうか。できれば痛みなんて感じずに楽に歩きたいものです……、違いますか？

さらに驚くのは「踵からの着地は膝が伸びてハムストリングスのストレッチ効果があるからいい」と謳っている指導書があることです。どれだけ健康な足を念頭に書かれているのでしょう。前十字靭帯や半月板など膝の靭帯や関節を痛めている人にはおおよそ勧められない歩き方です。これでも厚生労働省は膝を伸ばして着地することを勧めるのでしょうか？ストレッチをしながら歩く必要なんて全然ありません。

膝は必ず曲げて着地しなくてはいけません。それが人間本来の歩き方なのですから。

――その2「歩幅はできるだけ広く取る」――

この理想的ウォーキングのビックリ説明はまだ続きます。「膝をまっすぐ伸ばし、踵から着地せよ」、前提条件として「ブンブンとなるべく前方に足を投げ出して歩幅を広げて大股開きで歩こう」というただし書きがあるのです。なるほど！確かにそうすれば、当然のことながら足裏はカラダの重心よりかなり前方に投げ出されて踵から着地することになります。でもそれでは坂道を歩くのはとても難儀になります。

どうやらこの理想の歩き方を考案した方や、認定された厚生労働省のキャリアの方々は坂道のないまるっきり平坦なところにお住まいのようです。それとも歩かないでタクシーに乗ってばかりなのでしょうか。

日本は島国でいたるところに坂道があります。坂道を歩いてみればそんな前方に着地する発想にはならなかったはずです。まずは上り坂を歩いてみてください。歩幅をできるだけ広くとって、踵から着地するように歩いたらブレーキが掛かって上りにくくないですか?足の回転も上がりませんよね。今度は下り坂で試してみましょう。できるだけ前方に踵から着地してみてください。着地の衝撃がすごくてウンザリですよね。今までこの歩き方に誰も異論を唱えなかったのが不思議議です。

「いやいや、これはあくまで平坦な道を想定してのウォーキング姿勢なんですよ……」

そうおっしゃるかもしれません。ではこんなに日本は坂道だらけなのに、なぜそれ用の歩き方は示されなかったのでしょう?というか、いちいち歩き方を変えるのも面倒ですよね。正しい歩幅の出し方は、無理やりグイグイ前後に足を広げるのではありません。骨盤を動かすことができれば、自然と歩幅は出るのです。だから、足はがんばりません。

ランニングでは足の着地ポイントはカラダの重心真下と指導されます。つまり自分の胴体のほぼ真下に着地させるのが基本です。私はランニング初心者の頃、ずいぶんと前に足を伸ばして踵から着地していました。そのほうが歩幅（ストライド）が伸びて、速いと思っていたからです。しかし結果は逆、いつまで経っても速くなりませんでした。小走りの女性にどんどん抜かされてはハァハァゼェゼェ汗だくになっていたのです。つまり私はランニングエコノミーがひどく悪い状態で走っていました。試行錯誤の末、重心真下に着地させるようになってからは流れる周りの景色が変わりました。歩く場合、確かに放り出すように前方に着地しても歩けます。けれどもそれではやはりウォーキングエコノミーが台なし。大変疲れる歩き方になります。足を着地させる時は、振り出した足先をやや戻すようにしてカラダの重心のちょっとだけ前（意識としてはカラダのほぼ真下）に着地させると、受ける衝撃が少なく、腰から楽に重心に乗ることができます。そうすると左右の足がスムーズに回転し、スタスタと歩けるようになるのです。

——その3「後ろ足は親指の付け根で地面を力強く蹴り出してひっかくように進む」——

足先が地面から離れる局面です。ウォーキング本では親指や拇指球で蹴り出すと表現されていることが多いです。「速く歩くためには地面を強く蹴るのがいいだろうと一般的に考えられる」と何が一般的なのかわからない思い込みの記述もあります。またその際、後ろ足の膝をピーンと伸ばしましょうと指導するファッション雑誌も多いです。

そんな拇指球やつま先の蹴り出しを長年続けるような歩き方をしていたら、最終的に足底筋膜やアキレス腱を故障してしまう人が後を絶たないでしょう。

中高年になると脚力が弱くなり歩幅が狭くなります。狭くなった歩幅を広げるためにやるべきことは「ふくらはぎを使って力強くつま先で蹴り出す」と指導されています。しかし、カラダの末端で小細工しようとするのはいけません。腕立て伏せに例えるなら、指先を使って上半身を大きく持ち上げよ！と言っているようなものですよね？腕立て伏せは体幹の大胸筋や広背筋でやるものです。それと同じように、歩く動作も股関節周りのお尻や太腿の筋肉など、体幹に近いところで動かしてやるのが正しく、そうすれば疲れにくいのです。

歩いていて「忘れ物があった!」と気づいてピタッと立ち止まろうとすると、つま先や拇指球に力が入りますよね?ブレーキが掛かるとつま先に力が入ります。足先を固めてつっかえ棒を作って、体の前進をストップさせようと脳が指令を出すのです。では前に進む時にも、やはりつま先や拇指球に力を込めたほうがいいということなのでしょうか?足は前側にL字の形でついていますよね(実際はY字なのですが)。つまり推進する時につま先や拇指球を固めていると、そのつっかえ棒を一歩一歩、歩むたびに乗り越えなくてはいけないということです。

どうもそのような指導の根底には、蹴り出すことで歩幅が広がり速くなるという誤解があるようです。いえいえ、速くなりませんし、歩幅もかえって縮まります。マラソンで地面をつま先で蹴り出すような意識で走っていたら間違いなく最後までもちませんし、ふくらはぎに故障を抱えるでしょう。ランニングの世界では足首をこねくり回して蹴って進むことは、末端意識を助長することになり、遅くなるので厳禁とされています。ウォーキングでも同じです。きっとこの健康ウォーキングは日頃走っていない学者さんやお医者さんなどエラい方が頭だけで考えたのだと思います。

厚生労働省の進める歩き方の図を見返してください。要するに歩幅を広げて踵からブレーキを掛けて着地しているので、それに抗うために後ろ足を思いっきり蹴り出して進まなきゃダメなのです。何と非効率的な歩き方なのでしょうか。それともわざと非効率的な歩き方をすることによってカロリー消費を上げようという目論見なのでしょうか。謎過ぎます。

では、正しくはどうするのか。

拇指球やつま先には一切力を入れずスッと抜くように歩きます。足底筋膜やアキレス腱、ふくらはぎにもとても優しいです。自分の意思で足首に力を入れる必要はありません。足裏や膝を後ろに送る意識は一切いりません。膝も足裏もリラックスして前に進ませる意識だけでOKです。これが正しくカラダに優しい、楽な離地の方法です。

それでもつま先蹴りのほうが速いはずと思われる方は、どこか電柱から電柱でもいいので距離を決めて歩数を数えてみてください。つま先や拇指球で押して足首をなるべく動かして歩くのと、足首の力をなるべく力を抜いてスルーするように歩くのでは、どちらが歩数が少なかったでしょう?間違いなく後者のほうが歩幅が大きく、歩数が少なくなり、かつスタスタと速く歩けたはずです。拇指球や親指で地面を引っ掻いたり蹴ったり押したりなんて、カラダの上下動が増すばかりで時間の無駄なのです。

――その4「後ろ足はまっすぐ伸ばしてキレイに見せるようにする」――

離地の時点で膝を伸ばすのはよく美容系の女性雑誌でも掲載されていますが、まさに外見の美しさのみを意識した歩き方です（【図－16】）。私たちはファッションショーのステージ上を歩くわけではありません。実生活のあらゆる局面で「歩く」という行為は酷使され

【図－16】

ています。膝は曲げて柔らかく使うものです。そして後ろ足を前に戻すためには、膝は必ず曲がるものです。

膝を曲げないで歩くようにアドバイスをする美脚インストラクターの方に質問したいのですが、階段を下りる時でも膝を曲げずに歩けますか？

歩けませんよね？膝を曲げないで足をまっすぐのまま歩くなんてことはできないのです。そしてそのようなウォーキング教室でも立ちどまって膝をピンと伸ばす練習はしますが、連続した歩行形態になると膝は曲がってしまっています。つまり写真撮影の時のみまっすぐにしているだけなのです。

つま先や拇指球で地面を押す時に膝を伸ばそうとすると骨盤と足が同じ向きになって重心がうまく移動できず、ゆっくりしか歩けません（96ページの【図－20】参照）。そして上半身を背骨で無理にねじって歩くことになり、腰にも足にもよくありません。キチンと正しく骨盤が動かせていたらつま先や拇指球では地面を押せなくなるし、膝裏もまっすぐ伸びることはなくなります。

膝をまっすぐにしていいのはカラダの重心の真下を通過する時のみ。しかも感覚的には足が着地した瞬間に膝を前に振り戻すくらいの意識でいいのです。

つまり正しい歩き方はつま先や拇指球などの末端で、後ろに向かって地面を蹴ったり押して歩くのではなく、骨盤起動で前に足を振ることによって、その慣性で振り子のように足を出して前に進むのです。足の重たさで前に移動するのです。

階段で実験してみればおわかりになるでしょう。後ろ足のつま先でポンッと蹴って上の段に上がるのと、前足を振り上げて、その勢いで上の段に上がるのとでは、断然後者のほうが楽だと思います。

――その5「肘を曲げて腕は前後に大きく振りましょう」――

さて上半身にも目を向けてみましょう。公園などで「ああ、あの人、ウォーキングの本を読んで歩いているな」と明確にわかるのは肘を曲げてズンズンと歩いているかどうかですよね。

よく指導書にも「手は握りこぶしをつくり、肘はL字に曲げましょう」と書いてあります。「握りこぶしはアゴにつくくらいの高さまで上げましょう」なんて書いてある本もあるのです。まるでボクシングのアッパーカットですね。

ところが一方で「肩に力を入れないで自然に任せて振りましょう」と取ってつけたような説明もあるのです。しかしイラストや写真を見るとどう考えても肩に力が入っています。肘を張って振ることにより足の運びがスムーズになるというもっともらしい説明もあります。

スムーズになるどころか逆にギクシャクすると思います。

棒立ちになって腕をL字に曲げて腕を振ってみてください。指示通りに握りこぶしはアゴにつくくらいの高さまで上げてみましょう。１００回振っても１０００回振っても前に足、動きますか？動かないですよね。腕を振ったからって足がスムーズに前に動くわけではないのです。健康ウォーキングという名の元に元気のよさを自己満足に演出しているだけに過ぎません。先日、公園で見かけたご婦人も肘を曲げてブンブン振って歩いたあとにベンチに座ってご自分で肩を揉んでいました。

では、はたして腕を振る意味はないのでしょうか？

あります。とてつもなく大きな理由が。

腕を振るというのは自然に起きる動作です。実はこれは体重の40％近くを占める足の振り子運動に対しての上半身の制震装置なのです。タイミングとバランスよく正しい腕振りをすることによって、骨盤から下腿の揺れが相殺され、頭や肩が揺れなくてすむのです。何も気にしなくても、振ろうと思わなくても、歩くと勝手にぶらんぶらんと腕が振れるのはそのためです。だからわざとらしく肘を張る必要はありません。ランニングの時は足の回転が速いために、腕は伸ばすより曲げるほうが回転が速くなるので肘が曲がるのです。

歩く時はゆっくりなので、腕振りだけ走る時みたいに肘を曲げて振ると力んでぎこちなくなるだけです。

それこそ肩肘張らないでリラックスしていれば腕は自然に振られるのです。そもそも街中で肘をL字に曲げて歩いたらちょっと恥ずかしいですよ。公園でのみ許されるウォーキングフォームというのもどうでしょうか？それに横から見て肘を上半身のラインより前に出すと腕にカラダが振られてしまい、制震構造が崩れてしまいます。上半身が腕に振られてバランスを崩しがちになったり、足の動きとの連動性が崩れて間延びした動きになり、間違いなく歩くスピードが遅くなります。もし速歩という名の通り、速く歩きたいのでしたら肘は前に出してはいけません。肘より先は自由に前に動かしていいですが、肩、肘は前に行かないように壁を作りましょう。

肘をL字にして元気よく腕を振ることによりカロリー消費を多くしてダイエットにも効く！なんて都合のいい言い訳もありますが、それはとどのつまり「無駄な動きをして疲れよう」ということですよね。非効率な歩き方をわざわざ好んでやるのはどうなのでしょうか。

世の中には小さいダンベルを持ったり足首に巻いて歩いたり、分厚いビニールのサウナスーツを纏って汗でダラダラになりながら歩く人もいますが、同じようなものです。正しいウォーキングフォームでそのぶん速く気持ちよく歩いて目的地に到着すればよろしいかと思います。

もう一度言います。腕はがんばって意識的に振る必要はありません。腕は勝手にカラダが振ってくれるのです。

――その6「ヘソ下三寸（丹田）を意識しましょう」――

そして、厚生労働省の勧める理想的なフォームにおいて、何より驚くのがヘソ下三寸、そして丹田《たんでん》という言葉が唐突に使われていることです。

皆さんは丹田の場所がおわかりになりますか？「ココですよね？」と指差せる方はかなりの東洋医学通と言ってもよいでしょう。

国の行政機関が使っているのだから、一般的なのかもしれませんが、私の知り合い何人かに聞いてみたところ、確信を持って指差せる人はいませんでした。ウィキペディア（Wikipedia）によると丹田は、「内丹術で気を集めて煉ることにより霊薬の内丹を作り出すための体内の部位」だそうです……。意味がわかりません。

しかも丹田とは、上丹田・中丹田・下丹田の三丹田あるそうで、厚労省の掲げる速歩の理想に書いてある「ヘソ下三寸」は下丹田のことだそうです。

1寸＝3・0303030303㎝なので三寸は約91㎜になるわけですが、実際、おヘソの位置も男女や身長で各人バラバラでしょうし、極めて曖昧な概念ですよね。

しかも体表面に丹田があるわけではなく、胴体をまっぷたつに輪切りにした時に、断面図に漢字で「田」と書いて、その十字のクロスする部分が丹田だそうです（笑）。そんな位置に意識を集中しろと言われても……、できますか？そしてどう意識するんでしょう。力を込めろということでしょうか？この丹田意識というのは日本古来の相撲や武道の概念で、ビクともしない足腰を養成するために意識をなるべく下に持っていくために生まれたものです。しかし普通に歩く時まで下腹に力を込めていたら疲れてしまいそうですね。当たり前ですが丹田に力を込めなくとも歩けます。

厚生労働省が掲げる「理想的な速歩のフォーム」が色々とツッコミどころが多いことは、わかっていただけたのではないかと思います。

◉パーキンソン病のリハビリにみる歩行の勘違い

パーキンソン病は、脳が出す運動の指令がうまく伝わらず、スムーズに動けなくなる病気です。

50〜60代で発症することが多く、ゆっくりと進行します。高齢者に多い病気ですが、若い人でも発症することがあります。初期は姿勢反射障害が起きてバランスがとりづらくなり、つまずいたり、転んだりするようになってしまいます。なかなか足も前に出なくなり（すくみ足）、歩いても歩幅が小さく、すり足になります（小きざみ歩行）。また腕振りがなくなるのも特徴です。つまりカラダの連動性が失われてしまい、全体に動作が遅くなります。

ところが、先日読んだパーキンソン病のリハビリについて書かれている医学書を読んでビックリしました。

「ウォーキングを毎日20～30分を目安に行い、体力を保ちましょう。パーキンソン病では、歩幅や腕の振りが小さくなったり、前屈みになりやすく、つま先から着地するので転びやすくなります。歩行のリハビリでは、意識して腕を大きく振り上げ、膝を上げ、歩幅を大きくして踵から着地するようにしましょう」

とありました。まるで厚労省の速歩の理想の歩き方を丸写ししたような指導ですね。

中高年に向けて「足の筋力が衰えてくるから、意識して足を動かしましょう」と言うのと同じく、そもそも筋力が衰えて足が上がらなくなっているのに、それを無理やり動かすことによって健康になれ！というのでしょうか？

それは無理強いというものです。高熱を出して病床に臥せっている人に対して「熱を下げましょう。下げれば元気になれる。さぁ、立ち上がりましょう」と言っているようなものです。

健康的なウォーキングは、末端である手足を力みながら大きく振ることによって達成されるのではありません。

骨盤、そして股関節を意識しないと足中心の歩行となり、それこそ転倒の可能性があります。カラダが固くなった人にグイグイとカラダを曲げたりねじることによって柔軟性を確保しろと言っているのと同じで、危険な行為だと思います。

第3章

背中をねじって歩く？間違いだらけの体幹意識に注意せよ！

世は「体幹トレーニング」や「コアトレーニング」のブームです。肩甲骨や骨盤、体幹を意識したウォーキングも注目されています。

本書も骨盤、そして体幹に注目しています。といってもその辺によくある体幹トレーニングや骨盤の本の意識と、この本で掲げる「大転子ウォーキング」の概念は大きく違う部分があります。真逆のカラダの使い方と言ってもよいでしょう。

聞こえのよい巷の体幹ウォーキングですが、実は根本的なところで骨盤の使い方を間違えたものがはびこっているのです。非常に根深い部分なので、この第3章ではそれらの間違いについて解説していきます。

◉そもそも骨盤って何？体幹ってよく聞くけれど……

骨盤は、腰もしくはお尻といわれる部分にある背骨と左右の大腿骨の間でカラダを支える、骨の一群です（10ページ【図-1】参照）。

ヒトは骨盤が大きく発達したためにお尻（大臀筋）が大きくなり二足歩行ができるようになりました。そして、食物を消化する内臓や、妊娠時に胎児を支えることができるようになったのです。足と脊椎を垂直に立てて持続的に歩く「直立二足歩行」が可能な地球上の生物は、ヒトだけです。つまり骨盤が大きくなって垂直に立てたから脳も発達したと言えるでしょう。

一方、体幹とは、本書では頭部と四肢（左右の手足）を除く胴体部分と定義します。体幹を構成する骨には骨盤、背骨、肋骨、肩甲骨などがあります。体幹トレーニングとされるものは主にお腹や背中の筋肉を鍛えるものが多いです。歩く、走るは元よりスポーツの多くの動作は、四肢の動きを伴っています。まず体幹が動き、それに連動して腕や足の筋肉が動きます。

◉何だかおかしな体幹ウォーキング

体幹を使ったウォーキングは大抵が肩甲骨と骨盤の連動を掲げています。そしてその動き作りの方法としてよく載っているのが91ページのエクササイズ（【図-17】）。骨盤と肩甲骨が連動しているか確認する「ツイスト運動」なるものがよく紹介されています。

このツイスト運動をすることによって「肩甲骨と骨盤が連動する感覚が得られる」のだそうです。しかし、これを見る限り背骨をねじらせる運動に見えます。説明にも左肩が前に出る時は右腰が前に出るようにと書いてあります。

ようするに上半身と下半身を背骨（腰椎）を中心に逆方向にひねるのです。そして左右の膝とつま先が離れてはいけないとの記述もあります。つまり、骨盤から足先まではねじらないということですよね。

ねじらせるのは背骨。それって正しいカラダの使い方でしょうか?実際、この動きをやってみるとシューズのつま先部分がズリズリと地面と擦れる感覚があると思います。この摩擦は何でしょうか?皆さんは歩く時につま先を摩擦させながら歩きますか?

◉背骨をねじらせるのが体幹ウォーキング?

皆さんはカラダの柔らかさや固さを表現するのに立位体前屈をやったことがあると思いますが、どこを曲げる意識でしょうか?実は多くの人は背骨と骨盤の接点である腰椎を曲げることで前屈しようとしています。

しかし、本来、大きく曲げる意識を持つべきなのは股関節なのです。実際、股関節を意識するだけでずいぶん曲がるようになります。それほど意識は実際のカラダの動作に影響を与えます。それと同じことがカラダを水平にひねる時にも生じます。

「腰を回す」

これをどうイメージしますか?本書ではウォーキングは骨盤から始まった左右の揺れ動きが四肢に伝わると表現していますが、解剖学的に見て腰を回転させるための大きな筋肉は骨盤には存在しません。「骨盤を動かす」とか「腰を回す」と聞くと、骨盤の上に接合

■これが元凶のツイスト運動だ！

【図－17】

している背骨の腰椎部分が石臼のように動くとイメージする人が多いと思いますが、それは間違っています。

腰椎をねじるような意識で歩くとすぐ疲れてしまいます。腰椎の水平回転角度はたったの5度。時計の秒針1目盛が6度です。ほとんど動かせないと言ってよいのです。腰椎を回してウォーキングをするという間違った意識を持って歩き続けた場合、腰を痛める可能性はかなり高いと言えます。実は「腰を回す」とは、背骨をひねるのではなく「足の付け根である股関節を動かす」ということなのです。

左右の膝を動かないように閉じて座り、上半身をひねろうとしてみてください。その際、首や胸椎（胸の位置は35度ほどひねることができます）を動かさず、腰椎でひねろうとしてみてください。ほとんどひねることはできないと思います。実は体幹の回旋は主に胸椎と股関節で起きているのです。腰自体はほとんど動きません。この部分を無理にねじったり可動域を広げる必要はありません。

◉体幹を意識してねじらせてやるスポーツは存在しない

スポーツにおける体幹の動かし方を検証してみましょう。

左はゴルフにおけるスイング動作を後ろから描きおこした図です（【図－18】）。トップ

フォロー　　　　トップ

【図－18】

（クラブを一番引いた状態）では、右の肩甲骨と骨盤の右側が後ろに引かれていますよね。そしてフィニッシュ（打った後のフォロー）では左の肩甲骨と骨盤の左側が後ろに引かれています。

ゴルフに限らず、テニス、野球、サッカーでも骨盤と肩甲骨は同じほうが引かれ、同じほうが出ます。つまり体幹というか骨盤と肩甲骨をX字にねじったり、意識的に胴体を背骨でねじらせてやるスポーツは存在しません。

ところが一番原始的なスポーツであると思われるランニングやウォーキングの指導書にはカラダをねじらせる意識や指導が横行しています。骨盤と足を同じ方向にすれば歩幅が広がるから速く走れると書いてあったり、走るのと歩くのは骨盤の方向が変わる、歩く時は骨盤と足は同じ方向に動くなどまことしやかに説明されています。

◉肩甲骨と骨盤は対角に動いているという間違い

話を歩き方に戻しましょう。左ページに「体幹を意識したウォーキング」としてよく紹介されている歩き方を載せました（【図-19】）。これを見ると左の肩（肩甲骨）が後ろになる時に右の骨盤が前に出ていますよね。皆さん、これができますか？こんなふうにカラダをよじらせてスタスタ歩けますか？これって間違いなく股関節じゃなくて背骨をねじ曲げる

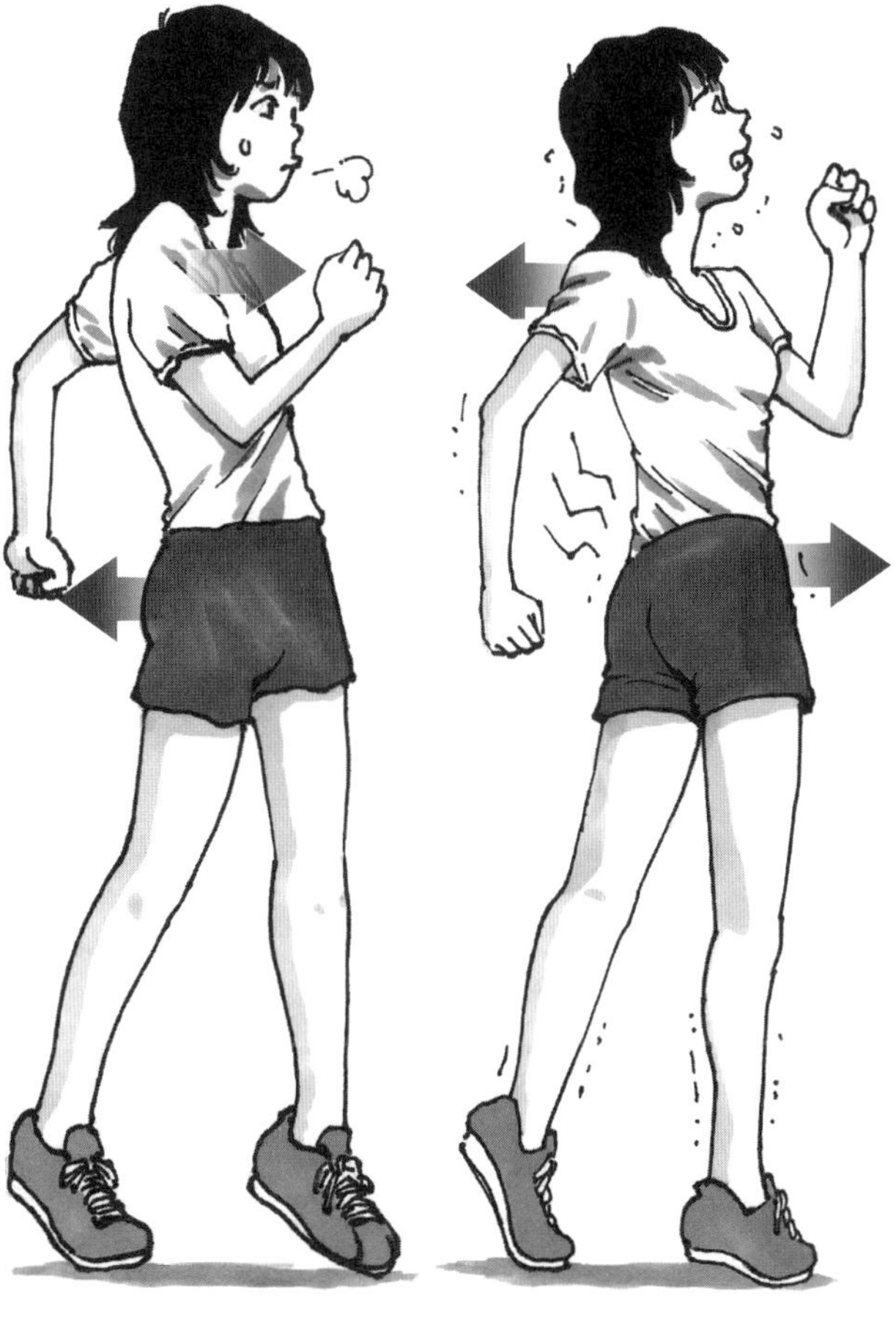

【図－19】

【図−20】

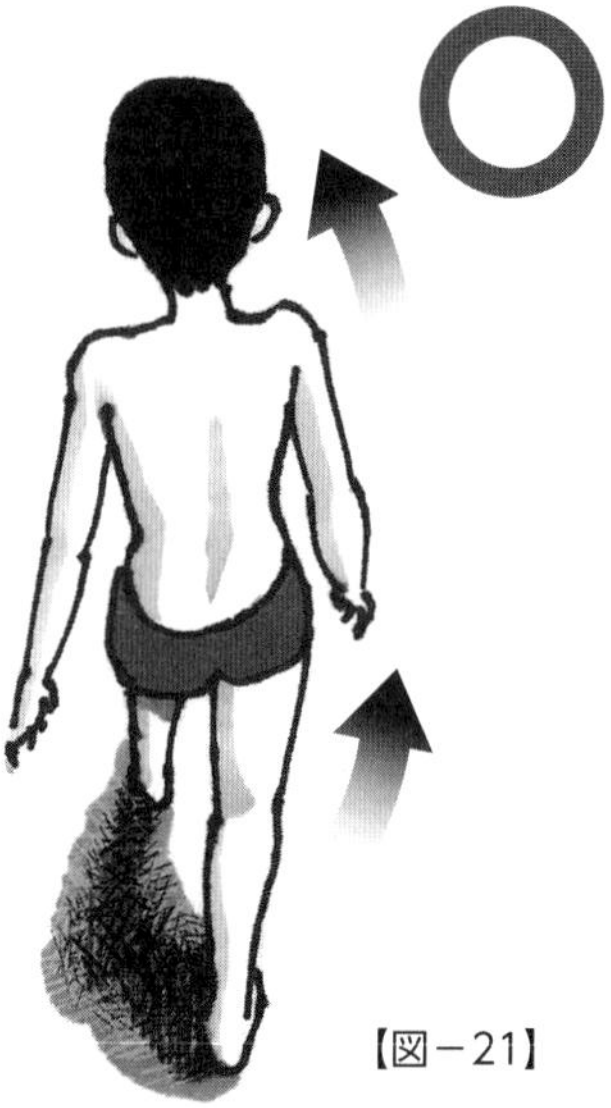

【図−21】

運動ですよね。

実際に肩甲骨と骨盤を逆側にねじらせながら歩いてみた結果こうなりましたという……、おかしな歩き方です。

演じている方もかなりキツそうです。背骨をねじ曲げてますね。これが彼らの考える体幹ウォーキングの理想形なのでしょうか。

これって、どうやら上から見ると【図−20】のような感じに後ろ足の右側の骨盤が後ろ側に流れてしまってます。確かにノッシ、ノッシと歩幅が広がるように見えますが、はたして速く歩けますかね？

皆さんも真似して一度歩いてみてください。相当ヘンですよ。

今、私もこの文章を書くために同じ動

きをしてみましたが、もう背中が痛くなっています。どっちにしろ相当疲れそうですね。

正しくは後ろ足側の右の骨盤は前に出ます。つまり骨盤と肩甲骨は同じ右側が前に出ます（【図－21】）。胴体は胸椎などがねじれますが、基本はひとつの箱として機能します。胴体自体を意識してねじらせようとしてはいけません。あくまで動くのは股関節です。傍目から見て対角に手足が振られる様子から、「肩甲骨と骨盤も対角で動く」と思い込んでしまって間違った体幹ウォーキングの指導は広まったのだと思います。

つまり、彼らの提唱する体幹ウォーキングとは「背骨ねじらせウォーキング」なんです。ご丁寧にNGの動作として同じほうの肩と腰が同じ方向に回ってはダメと書いてあります。たとえば左肩が前に出る時に右腰が前に出なくてはいけないと説明されています。いいえ、違います。同じ方向に回らなくてはいけません。左肩が前に出る時に左腰が前に出るのです。右肩が前に出る時に右腰が前に出るのです。それが人間本来の歩き方です。

◉物理学からひもとく体幹をねじる動作の勘違い

それでも歩く時には体幹を骨盤と背骨で石臼みたいにねじっている！と思いたい方は、簡単な物理学のお勉強をしましょう。

「骨盤と肩甲骨を左右逆向きにねじりなさい」と言っているインストラクターさんたちは

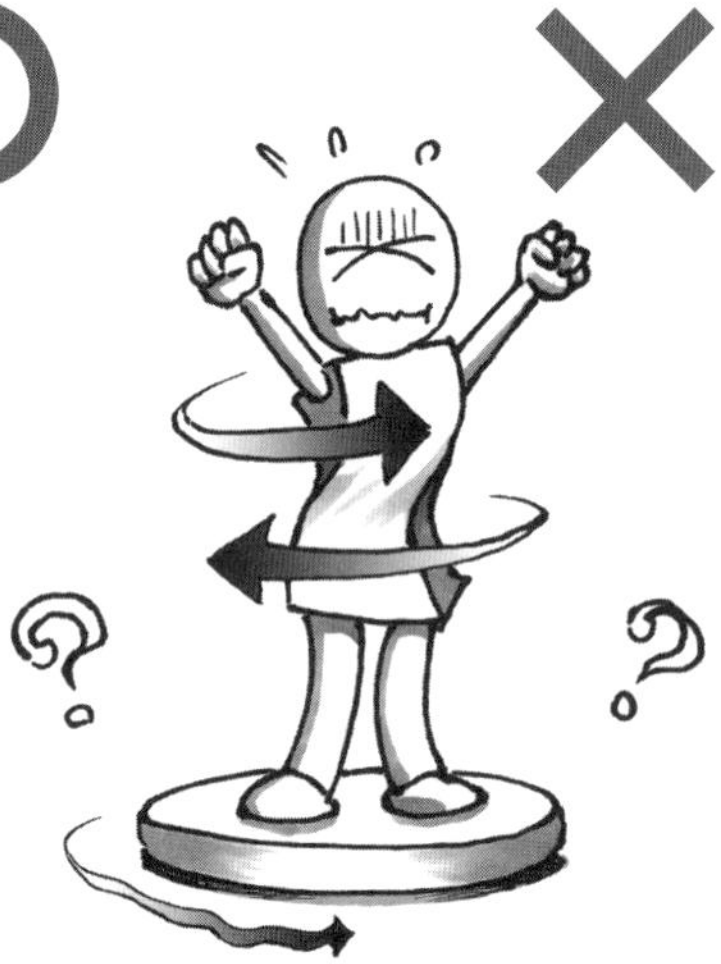

【図－22】

【図－23】

カラダをひとつの物体として捉えています。わかりやすく言うと他のものから影響を及ぼされない空中に浮いた人形のようなものとして理解しているのでしょう。

しかし、ウォーキングの場合（に限らずスポーツ一般は）地面の影響を受けますよね。だからこそ先ほどのツイスト運動でつま先の摩擦が起きるのです。つまり、骨盤を右に回せば、地面からは逆に左向きの反作用の力を受けることになり、足は左側にねじれることになります。さて、それを図で表してみましょう。体幹をねじる歩き方だと【図－22】のように地面では左側、腰は右側、そして肩甲骨は左側にねじらせるという、カラダ全部で合計3回転もしているわけです。

これでは力が逃げてしまい、前に進みません。お風呂でタオルを絞って試していただければわかると思います。

それに比べて、骨盤と肩甲骨ともに同じ側を出す場合はご覧の通りシンプルな作用反作用です(【図－23】)。体幹をねじらず同じほうに回すことで地面へ大きな力を最大限に伝えることができます。

実際、ゴルフのスイングも野球のバッティングも右肩と右の骨盤が連動して、左肩と左の骨盤が連動します。体幹をねじって歩こうとするのが大きな間違いというのはわかっていただけましたでしょうか。

◉肩甲骨を動かしてから、背骨をよじらせて歩くインストラクター

しかも、彼らはご丁寧にカラダを動かす順番まで決めて提示しているのです。

肘を引くことにより肩甲骨が動き、それによって足が自然に動き出す、という順序で歩き出しなさいという指導もあります。ブンブン腕を振らないと足は動かないらしいのです。

まず肘を引いて肩甲骨を動かすといいます。肘を張って振ることにより肩甲骨が動く、というもっともらしい説明もあります。では、どうして肩甲骨を動かさなくてはいけないのでしょうか?これにももっともらしい説明があり、肩甲骨を動かすことにより引いたほ

うの骨盤が自然に前に出るらしいのです。例えば、右の肘をグイッと引くと右の足がポンッと前に出るとあります。本当にそうでしょうか?もしそうならベッドやソファに寝転んでみて右手だけ縁からだらんと下に下げたとすると右足がふわ〜っと上に持ち上がるってことですよね？　……上がらないですよね。椅子に座って右肘を後ろに引いたら右膝が上に上がりますか？　上がりませんよね。前述したように、腕振りは上体の制震装置です。肩甲骨や肘を動かしても足が動くなんてことはないんです。胴体がねじれる感覚で引っ張られているように感じているだけです。だって当たり前ですよね。人間のカラダはゴムの塊ではありません。そもそも、手から足まで1本の筋肉で繋がっているのではなく、何本もの骨と筋肉が介在しています。カラダを右にひねる筋肉と左にひねる筋肉も別です。

腕を大きく振ったり、速く振ったりしたからといって、足がそれに釣られて大きく速く歩けるというのは、まったくの誤解です。人間の動作において肘から起動される全身運動はありません。ウォーキングもランニングもしかり。腕は一切振らなくてもウォーキングができることは、歩きスマホをしている若者なら誰でもわかっていることです。そもそも両手に荷物を持っても歩けますしね。骨盤や足が動くから腕が振れるのです。順番が逆なのです。

誰でも何となく自然にやれてしまうウォーキングだからこそ教えるほうも適当になって

しまうのでしょうか。そのようなインストラクターのウォーキング姿勢を見ると、こんな感じ（【図－24】）に肩をいからせて腕をブンブン振り、肩甲骨を動かして背中をよじらせながら歩いていて、とても疲れそうです。

【図－24】

◉後ろ足で蹴ろうとすると骨盤が逆に動きます

極めつけは左の図（【図－25】）。

どうも腸腰筋を使って階段のぼりをしている……らしいのですがナンか変。

これまた体幹をねじらせているわけですが、上に上げた足が内股になって、下にある足が外側に開いていますよね。これはまさにまったく正反対の骨盤意識のなせる業なのです。

【図－25】

96ページでも述べましたが、つま先で蹴ろうと意識すると骨盤は後ろ側に残ります（96ページ【図－20】）。本来、後ろ足は骨盤が前に動くとともにすぐに前に振り出されるので、蹴ったりつま先で押したりすることはないのです。

このイラストの場合、正しくは階段の上の段に右足が乗る時、骨盤は右側が後ろに引かれるので右膝はまっすぐからやや外向きになります。そして後ろの左足はやや内旋します。だから左膝はやや内側を向くのが正解です。

動作がよくわからない場合は逆に階段を下ってみてください。

右の図のように膝を内側に向け内股で降りることできますか?極めて難しいと思います。

本章ではこれまで誤った体幹意識に基づく歩き方の図をいくつか紹介してきました。それらの図に共通する部分、何か気づきませんか?そう、踵が上がっているのです。つまり体幹のねじれを相殺するために、つま先をグリッと回転して地面と足裏を摩擦させないと歩けないのです。

これはありえない動作です。改めて書きますが、このような間違った体幹意識はカラダを痛めるだけです。健康で歩くために、まずは「骨盤を中心とした体幹から起動し、四肢に動作が伝わる」という正しい意識を持ちましょう。

◉モデルウォーキング（カツカツウォーク）は危険な歩き方

ファッションモデルが膝をグイグイ上げてステージを闊歩する光景をテレビなどで観た

ことがあると思います。これは1990年代にマリアカルラ・ボスコーノというイタリア出身のファッションモデルさんがやり始めて、見た目がとても派手なので他のモデルさんも真似して大流行した歩き方です（【図－26】）。

1本の線上を歩くどころか、1本ラインをまたいで逆側に足をガツンガツンと踏み込みます。日本のモデルさんの間ではピンヒールの踵を杭を打ち込むように歩くのでカツカツウォークと呼ばれています。それを普段の街歩きでも取り入れなさいとするインストラクターもいます。

しかし、日常でこの歩き方をしようというのは無理があります。お尻に力を入れてしま

【図－26】

って逆側のお尻のお肉を振り上げるようにして歩くのです。まるで水泳のクロールのような腕かきの動きを骨盤がしている感じになります。モデルのウォーキング教室では「歩くたびに自分の身長より高くするようにします〜」と上下動をわざと誘発するように、骨盤に力を入れるように指導されています。やってみるとロボットのようなギクシャクした動きで当然すぐ疲れます。

実際、モデルさんの中には、このカツカツウォークで足や腰を痛める人が多いそうです。最近のモデル業界ではそういった事情もあるのか、「ナチュラル・ウォーク」と呼ばれる自然な歩き方が主流になっています。しかし、いまだにカツカツウォークを「大股で歩けるから早歩きにも最適です」と指導しているインストラクターもいます。カツカツウォークは筋力と柔軟性、バランス感覚のよい若い人しかできないと思います。年を取って健全に歩く意味でも街中でカツカツウォークはやめましょう。

◉足を痛めている人が陥りやすい大臀筋振り上げウォーク

足を痛めて痛みがある時に、そちら側の足をかばうように大臀筋や中臀筋に力が入らない状態になることがあります（１０６ページ【図－27】）。お尻に力を入れようとしてもゆるんだままになってしまうのです。

それをかばって、痛めた足のほうのお尻を振り上げるように歩くようになります。足幅を広く保ち、足を上げる際、反対側に上半身が左右に揺れてしまう歩き方をしているお年寄りを見かけたことがあると思います。これがまさにカツカツウォークの歩き方のまま。軸足と反対側の骨盤を上げる歩き方なのです。そして左ページの図は体幹ウォークにおいて骨盤を上手に使うためのドリルだそうです（【図－28】）。モデルウォークを取り入れましょうとも書いてあり、インストラクターがわざわざ体験モデルの腰を持ち上げてアヒルのように歩かせています。はたしてこれが正しい体幹の使い方なのでしょうか？これらは人

【図－27】

【図－28】

間本来の自然な歩き方とは正反対に腰が動いてしまう間違った骨盤の動きです。皆さんも浮いている足側に腰を上げて歩いてみてください。すぐに不自然に感じて疲れてしまうと思います。

◉水中ウォーキングは本当にお勧めなのか？

実はこれまで書いた間違った意識をそのままできる環境があります。水中ウォーキングです。

多くのトレーニング書やリハビリ関係の書物では水中ウォーキングが勧められています。水中では浮力があるので足腰に掛かる負担が軽減され、また水圧によって筋肉に負荷が掛かります。水中歩行は水の抵抗で、陸上を歩くより効率よくカロリーを消費することができるのでダイエット効果も抜群！……だそうです。実際、水中ウォーキングは瞬く間に広まって、今やどの公共のプールに行っても当たり前のように水中ウォーキングのレーンがあって老若男女が歩いてますよね。

しかし、本書は勇気を持って水中ウォーキングなんてカロリー消費やダイエット、そしてリハビリなどにもほとんど意味がありませんと言い切ってしまいます。なぜなら本書でこだわっている地球の重力スイッチという負荷をきちんと足に与えることができないからです。

以前、足首を骨折した時、リハビリを兼ねて「とてもよい」と勧められて水中ウォーキングをやってみたことがあるのですが、歩き出してすぐに違和感を覚えました。水中では確かに浮力があるので足首や膝に掛かる負担が軽減されます。しかし、それは逆に言うと重力を感じることができなくなるということです。足裏に体重を掛けることができず、歩いても歩いても脳に「筋肉を作りなさい」「骨を強くしなさい」という指令を出させることができません。おそらくやればやるほど筋肉は落ちていくでしょう。

第1章で宇宙飛行士が地上に戻ってくると多くのカラダの変調に悩まされ、筋肉がやせ細る、とくに抗重力筋の筋力の低下と、骨が溶け、体幹を構成する大腿骨、腓骨、脊椎からのカルシウム溶出が顕著になることを書きましたが、プールでの水中歩行だとかなりフワフワした感覚になりますよね。水中ウォークの指導書をみると「フワフワしてグラつくのは腹筋とお尻の筋肉が使えておらず、拇指球に重心を乗せることができていないからです。ちゃんと乗せるようにして歩きましょう」と指導されています。

……さて、はたして乗せることできますか？　それ、腹筋やお尻の筋肉のせいですか？　違いますよね。水中で浮力の作用で重力が弱まっているからです。足裏にキチンと体重を掛けることができなくなっているから、骨盤も体重が乗せられず、たえずフワフワしちゃいます。そのためにバランスを取りづらくなっているからですよね。何でそんな適当なことが書かれているのでしょうか。

◉水中ウォーキングは重力を掛けられない意味のないエクササイズ

水中ウォーキングの不都合な点は骨や筋肉へ悪影響を及ぼすことだけではありません。骨に対する重力の負荷が弱まると腱や靭帯がゆるみ出します。私が感じた足首や膝の違和感はそれです。私の場合、膝が抜けるような感覚が絶えずつきまといました。体重を感じなくなるから、結局、足裏全体で歩行することができず、つま先立ちで前進することになります。チョンチョンと跳んだような歩き方です。体幹の大きな筋肉を使うことができず、末端の足首だけしか使えない異常な歩行状態になるのです。これって地上での歩行とかけ離れていませんか？つま先だけでちょんちょん歩ける局面って街中でありますか？すぐにふくらはぎがパンパンになりますよね。

実際、私の知り合いは水中ウォーキングのたびにふくらはぎが攣って「何でだろう？栄養バランスかなぁ」と首をひねっていました。思い起こすと小学生の頃、水泳の授業でよく足が攣っていましたが、水泳そのものより水中に入って足首のみのチョンチョン歩きになるからだったのかもしれません。水中ウォーキングに限らず、街中でもつま先で地面を蹴って末端意識で歩こうとする人がいますがやめたほうがいいと思います。

無重力状態では代謝が変化して筋肉が脂肪に置き換わります。カラダを横たえた状態での消費カロリーは1キロカロリー／分、立ち上がると2キロカロリー／分に増えます。それらと同じことが水中で起きています。水中では水圧によってゆっくりしか歩けません。それが筋トレになる?いいえ、水中ウォーキングで筋肉痛になった人を見たことがありません。早歩きしようとしても末端の足先を使ったチョンチョン歩きが主体となります。大腿四頭筋や大臀筋など大きな筋肉を使えなければ、結局あまりカロリーを消費できません。皆さんは水中ウォーキングで痩せられた人を見たことがありますか?やっている人を見ると大抵腹が出ていますよ。

人間は重力を常に感じた運動が重要です。水中ウォーキングを「気持ちよい」と感じる方はリラックスタイムの一環として行ってもよいでしょうが、とくにダイエットや体力の向上といった効果は望めないと思ってよろしいです。

また、膝や足首、ふくらはぎ、股関節などに故障や不具合がある方にとって、水中ウォーキングは逆効果になる可能性があることも知っておいてほしいと思います。

第4章

重力を感じて歩く
大転子ウォーキングの勧め

◉大転子ウォーキングにはメリットが盛りだくさん

これまで日本人の歩き方について色々と書いてきました。ウォーキングは健康に欠かせないものですが、誤った歩き方をしていると逆効果になること。日本人の間でおかしな歩き方をする人が増えていること。その原因として、正しい歩き方が理解されていないこと。厚生労働省の勧める歩き方には違和感があること。誤った体幹・骨盤意識のウォーキングフォームが横行していること。年齢に合わない歩き方をしていると、カラダに深刻なトラブルを抱えるおそれがあることなどを述べました。

では、どうすれば正しく歩くことができるのでしょうか。

その答えとして提案するのが、大転子を意識したウォーキングです。今までの曖昧な体幹の概念や骨盤の意識と区別するために、「大転子ウォーキング」と名づけました。

骨盤をしっかりと動かして歩く大転子ウォーキングを身につければ、次のようなメリットが期待できます。

・歩くのが自然と速くなる。

・足の筋肉に掛かる負担が減り、楽に長く歩けるようになる。

・お尻の筋肉を使うので、お尻がプリッと張ってヒップアップ効果がある。
・足の筋肉を使わないので足がスラリとし、歩き姿が美しくなる。
・歩きのバランスが安定し、転倒防止効果がある。
・健康寿命を延ばし、いつまでも自分の足で歩くことができる。
・肉体的にも精神的にも持久力が高まり、脳が活性化する。

大転子ウォーキングの利点は多くありますが、まず一点、私がなぜ早歩きにこだわるかだけ解説しておきましょう。

◉早歩きをする人は明確に長生きする

２０１０年にアメリカで『早歩きの人の方が健康』という研究結果が発表されました(Arch Intern Med. 170(2):194-201,2010)。研究の対象になったのは、30～50歳（研究開始時）の女性１万３５３５人。研究開始時と9年後の歩行速度を記録し、その時の歩行速度と70歳になった時の健康状態について調査しました。その結果、歩行速度が時速３・２㎞未満のゆっくりとした歩きの人を１とした場合、時速３・２～４・８㎞の普通のスピードで歩く人は１・９倍、時速４・８㎞以上のやや早歩きで歩くことができる人に至っては２・６８

倍、癌や糖尿病、心不全、脳梗塞、パーキンソン病などの重大疾患にかからず、認知機能や身体機能の障害もなく、精神的にも健康な状態でいられる確率（サクセスフルエイジング達成度）が高いことが判明しました。

つまり、速く歩くことができる人は、健康寿命が長いということがわかったのです。歩行速度が寿命に関連している可能性を示唆する研究成果もあります。

65歳以上の男女３万４４８５名を６～21年間追跡調査したデータでも、歩行速度が速い人ほど平均寿命が長いことが示されています（JAMA. 305(1): 50-8, 2011）。65歳の男性を例にとると、時速０・７２㎞の人の平均寿命は約74歳。時速２・８８㎞の人は約80歳なのに対して、時速５・７６㎞で歩行する人の平均寿命は95歳以上にもなりました。

この傾向は女性も同じでした。歩行速度の速さと平均寿命の長さは比例するのです。歩行速度が最も遅い人たち（時速０・７２㎞）と最も速い人たち（時速５・７６㎞）を比べると、75歳時の10年後生存率が男性の場合、何と19％対87％、女性の場合35％対91％と、圧倒的な差が生じています（歩行速度の表は２０２ページをご覧ください）。

なお、早歩きなどの有酸素運動をすると、悪い活性酸素がカラダ中で発生して癌など多くの病気を引き起こしてしまうといった誤解が蔓延しています。運動によって活性酸素が生成されると、活性酸素を無害化するＳＯＤ（スーパーオキシドディスムターゼ）と呼ばれる抗酸化酵素が活性化して相殺してくれるのでまったく気にする必要はありません。活性酸素が悪いと書いている文章の類いはこのSODに関してなぜか一切触れていません。健康上のメリットを考えると率先してウォーキングなど運動はやるべきなのです。

歩く、とくに早歩きをすることは、健康で長生きをするために必要なものなのです。

先ほど紹介した『早歩きの人の方が健康』の研究では運動量が同じなら、肥満の人（BMI指数25以上）よりも普通体重の人の方がサクセスフルエイジング達成度が高いという結果が出ました。

そして同体格だと運動量が多い人のほうがサクセスフルエイジング達成度が高いのです。

正しいウォーキングフォームの早足で、たくさん歩けばさらに健康になるという極めて明快な方向性をこの研究は示しています。無理せず速く歩くことのできる大転子ウォーキングは、健康寿命を延ばす理想の歩き方なのです。

（注）BMI指数＝体重（kg）÷身長（m）÷身長（m）で自分の肥満度がわかります。BMI指数が22の時に最も病気になりにくいという統計が出ています。肥満度が高くなると、生活習慣病（糖尿病、高血圧、高脂血症）の確率が高くなります。

◉大転子ウォーキングで楽に長く速く歩けるようになる

何を隠そう、20代、30代の私は歩くのがとても遅かったのです。電車を乗り換えるために駅構内を急いで歩いていても、どんどん人に抜かされました。そのたびになぜ自分はこんなにノロマなんだろうとぼんやり思っていました。階段も同じでした。歩くのが速い人は階段をスタスタと上り下りしているのに、自分だけ遅いように感じていました。

私は負けじと意識して大股で速く歩こうとしました。地面を蹴り出し、ヒールの角から着地してなるべく歩幅を広げてみてもダメでした。がんばって早歩きをしても、そんなに長続きはしません。気がつくとまたいつものようにゆっくり歩いてしまっていました。

でも、歩くのが速い人はそれほどがんばって早足で歩いているように見えないのです。「何が違うのかな……」とは思いつつ時は過ぎていきました。「早足のほうが健康」という研究結果は前からニュースで知っていましたが、「まだ私は若いから年を取ってから早く歩くようにすればいいや」なんてのほほんと構えていました。でも考えてみれば若くてカラダが健康なうちにできないことが、年取ってからできるはずがないんですよね。

マラソンでサブスリーを目指す過程でその答えがわかってきました。マラソンは42・1

【図－29】

９５㎞を延々と速いスピードで走り続けるわけですから、正しいランニングフォームを身につけないとすぐバテてしまいます。

　すると改めて正しい歩き方が見えてきました。きっと駅でスタスタ早歩きできる彼らは、自然に大転子ウォーキングを身につけていた人たちだったんだろうと思うのです。

　今、正しいウォーキングを理解して、スタスタ歩きの人たちを後ろから観察してみると、老若男女皆、骨盤がキレイに動いています。私は骨盤を固めて、足の根元から使ってひぃこら歩いていましたが、彼らはもっと上の骨盤を足のように使って歩いていたのです。１歩で10㎝ほど足の長さが違うのですから、勝てないのも当たり前です（【図－29】）。

　大転子ウォーキングは自然に早足が身につき

ます。あまりにも楽にスイスイ歩けちゃうのでとても気持ちイイです。今では駅間の乗り換え競争でもほとんど負けません（笑）。

一方、意識しての早歩きは結局、無理をして大股で地面を蹴り出しているので長くは歩けません。

大転子ウォーキングならば意識をしなくても自然と歩幅が広がり、無理なく速く歩くことができます。ウォーキングエコノミーが上がり、足の疲労も少なく、長く歩くこともできるのです。

◉骨盤を足のように使う。そもそも大転子って何？どこにあるの？

哺乳類においてカラダの中で一番大きな骨、それは太腿の大腿骨です（【図－30】）。大腿骨は人体において最長で最強の骨で、上部は股関節によって骨盤と、下部は膝関節によって脛骨と繋がっている体重をしっかりと支える重要な骨。大腿骨の上端には丸い大腿骨頭があり、骨盤の寛骨にソケットのようにハマっています。この骨頭から大腿骨頸で一旦細くなった後で、大きく盛り上がっている部分があります。これが大転子です。

この大転子がどうして歩く上で重要になるのか。それは大転子には多くの大切な筋肉が繋がっているからです。

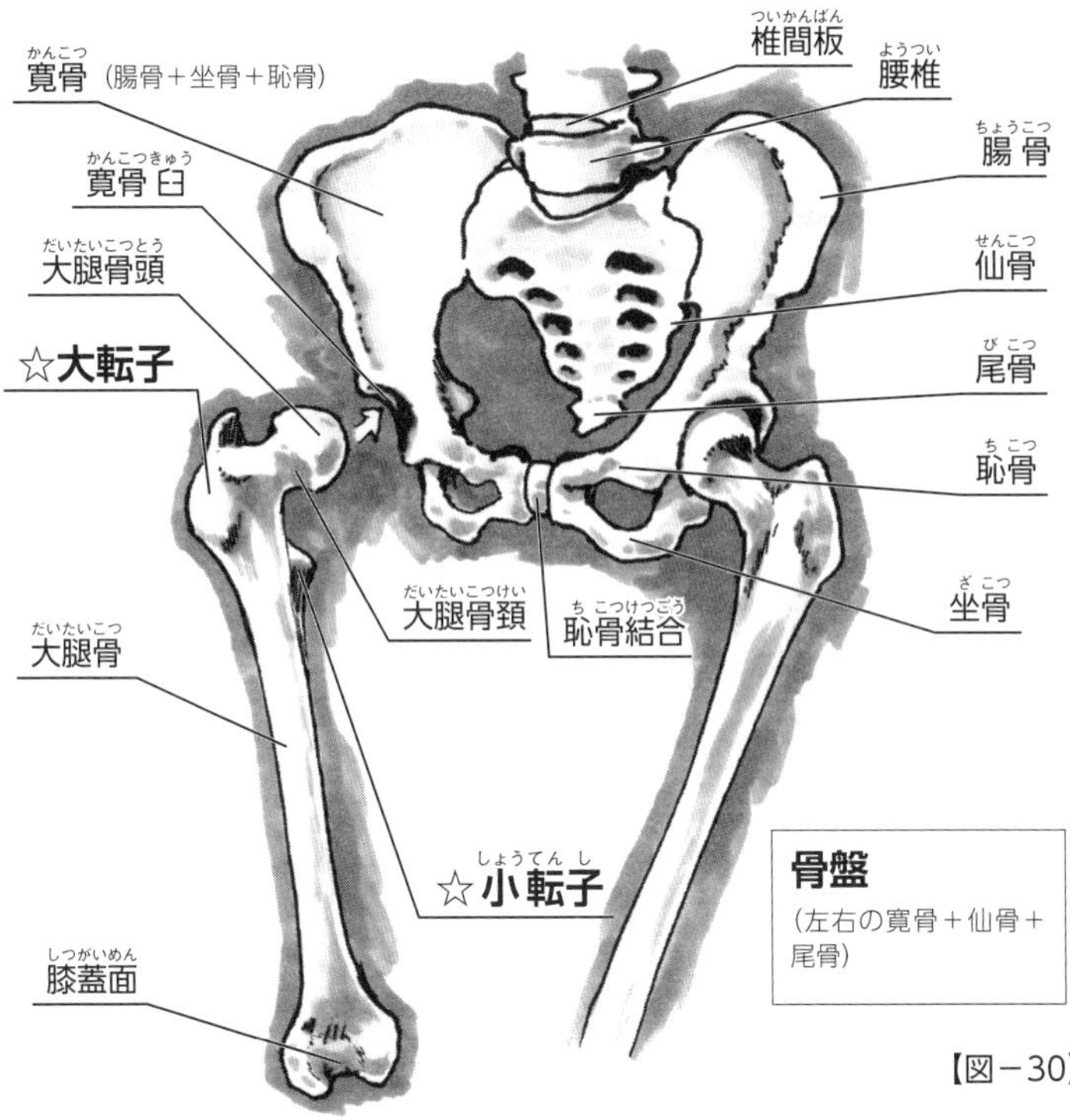

【図－30】

大転子とその内側にある小転子には、股関節を動かす重要な筋肉が数多く繋がっています。お尻の後ろ側にある大臀筋、骨盤の上部側面にある中臀筋・小臀筋、梨状筋、上双子筋、下双子筋など、主要なお尻の筋肉は皆、大転子と繋がっています。そして足を前に出す時に使う腸骨筋、大腰筋は大転子の下部にある小転子に繋がっています。まさに大転子は人間が歩いたり、走ったりする上で要とも言える部分なのです。しかしこの股関節筋群をゆるませ、リラックスして歩くことに日本人はまったく慣れていません。男性に比べて女性の骨盤は横に平たいですが、どっちにせよ大転子のほうがカラダの外側に張り出しています。

手で触ってみましょう。

カラダの側面にある骨盤の出っ張りより10㎝くらい下にある硬いグリグリです。容易に触れることができます。

骨盤を動かすのには無意識が大事です。しかし今まで骨盤がまったく固まって動かし方がわかっていない場合、正しい骨盤の使い方に慣れるまでは動かすのを意識をしたほうがよろしいでしょう。

よくある間違いなのですが、股関節は骨盤の下についていると多くの人が思っていることです。足と骨盤を繋ぐ股関節は横側についています。しかし骨盤のやや奥まっている部分にあるので意識しにくいのです。そのために本書では股関節周りの筋群のランドマークとして、体表に出っ張っている大転子に意識をおいてウォーキングすることを推奨することにしました。大転子を意識すれば、股関節周りの筋群をゆるませて自然と骨盤を動かして楽に歩くことができるようになるからです。

◉歩く時にカラダの意識は丹田よりも前面におく

第2章で書いた丹田ですが、私はヘソ下三寸の丹田の概念を完全に否定する気はありません。表現を変えれば丹田とは位置的には「骨盤の股関節の部分、左右の大転子を結んだ中心点」なんですよね。しかし「田」の字クロスの中央意識はいけません。丹田に意識があると下半身から下腹までの意識しかなく、頭までの芯の意識が消失しやすいです。さらに日本人は背骨をカラダの軸と考える人が多く、もっと後ろ寄りに意識がある人もいます。それではのけ反ったような姿勢になり速く歩くこともできません。つまり曖昧な中心意識を持つより、左右の大転子を意識すればよいのです。大転子は手で触ればわかる位置にありますので、そのほうが万人に理解しやすいはずです。骨盤は上から見ると楕円形の輪のような形状で股関節はカラダの前側についています。そして大転子も前側です。

皆さんはまっすぐ立った時にどこに重心が乗りますか？おそらく土踏まずのあたりだと思います。踵では後ろ重心過ぎます。歩く時には前方に移動するのでやや上体が微妙に倒れ込んでいると楽に重心移動ができます。

歩く時にはカラダの前面に芯を意識します。土踏まずから上に上がってカラダの前側、骨盤の恥骨あたりから胸の前部の胸骨、そこから喉のあたりで一旦外に出てアゴでまた頭蓋骨に通すような芯の意識です。この芯が重心移動を伴ってスーッと前に移動していく感じです。ぜひ試してみてください。それによって中高年も加齢によるふらつきをかなり抑えることができます。

◉モンロー・ウォークを知っていますか？

とはいえ、いきなり大転子を意識して歩くといってもいまひとつイメージしにくいと思います。そこで参考になるのが、マリリン・モンローの歩き方です（【図-31】）。今の若い人には「誰ソレ？」という人も多いかもしれませんが、マリリン・モンロー（1926年〜1962年）は『紳士は金髪がお好き』『お熱いのがお好き』『七年目の浮気』などに主演した伝説のアメリカ人女優で、20世紀を代表するセックス・シンボルといわれています。身長166㎝と（アメリカでは）それほど背が高くなかったマリリンは、高身長の他の女優よりも目立つために、解剖学の本を読んで、どんなポーズをとればカラダのラインをキレイに見せることができるのか、ずっと研究していたそうです。

マリリン・モンローといえば、何といってもセクシーな歩き方として話題になった「モンロー・ウォーク」ですよね。1979年のヒット曲である南佳孝さんの『モンロー・ウォーク』、それをカバーした郷ひろみさんの『セクシー・ユー』という曲名で覚えている方も多いでしょう。

ところでそのモンロー・ウォークを実際に映画で観たことありますか？マリリン・モンローといえば1955年の映画『七年目の浮気』の最も有名なシーン、地下鉄の排気口でまっ白のふわふわのスカートが舞い上がる映像の印象が強いですよね。しかしモンローはその他のシーンではぴっちりとしたタイトスカートを穿くことが多く、わりと小股でスタスタ歩くのです。

頭の位置は上下せずにスーッと平行移動する感じです。よくモンロー・ウォークは独特の歩き方のようにいわれますが、実は珍しいものではありません。タイトスカートでお尻

【図－31】

がプリプリ動いていたので、モンロー・ウォークとして話題になったのでしょう。

モデル業界では「ナチュラル・ウォーク」とも呼ばれています。実は、このナチュラル・ウォークこそ、大転子ウォーキングの基本のイメージに近いものです。ナチュラル・ウォークはボディラインの美しさが目立つように、お尻を振ってセクシーに見えるように骨盤を大きく動かします。大転子ウォーキングも、やり始めは意識して骨盤を大きく動かしたほうが、動き作りしやすいのです。最終的にはキレのある動きになっていきます。それがやや大袈裟に腰を振りながら歩くナチュラル・ウォークと違うポイントです。

ちなみに第3章で取り上げたカツカツウォークは同じモデルウォークでもまったく正反対に腰が動く歩き方です。あちらは疲れるし故障しがちで無駄が多いです。これらを同じモデルウォークとして混同しているウォーキングの指導者も多いので気をつけてください。

◉モンロー・ウォークは競歩の骨盤の動きにソックリ！

大転子ウォーキングを実践するにあたって、もうひとつ参考にしたいものがあります。

それは「競歩」です。競歩はレースウォーク、もしくはコンペティティブウォークといってオリンピックの正式種目にもなっている競技です。「あ〜、あの腰をクネクネさせながら歩く変なスポーツね！」と言われることもあるややマイナーな競技ですが、2015

年に鈴木雄介選手が世界新記録を樹立し、２０１６年のリオ五輪では50㎞競歩で荒井広宙《ひろおき》選手が銅メダルを獲得するなど日本人選手が活躍する場面も多く、地味にですが盛り上がっています（【図－32】）。

競歩がなぜあのように独特な動きになるかというと、ルール上の制約があるからなのです。

【図－32】

まず、どちらかの足が必ず地面についていなければなりません。

ウォーキングとランニングの大きく違う点は「ウォーキングは両足とも空中に浮いている時間が存在しない」ということです。両足が同時に地面から離れると、競歩では「ロス・オブ・コンタクト」という反則になります。つまり

【図−33】

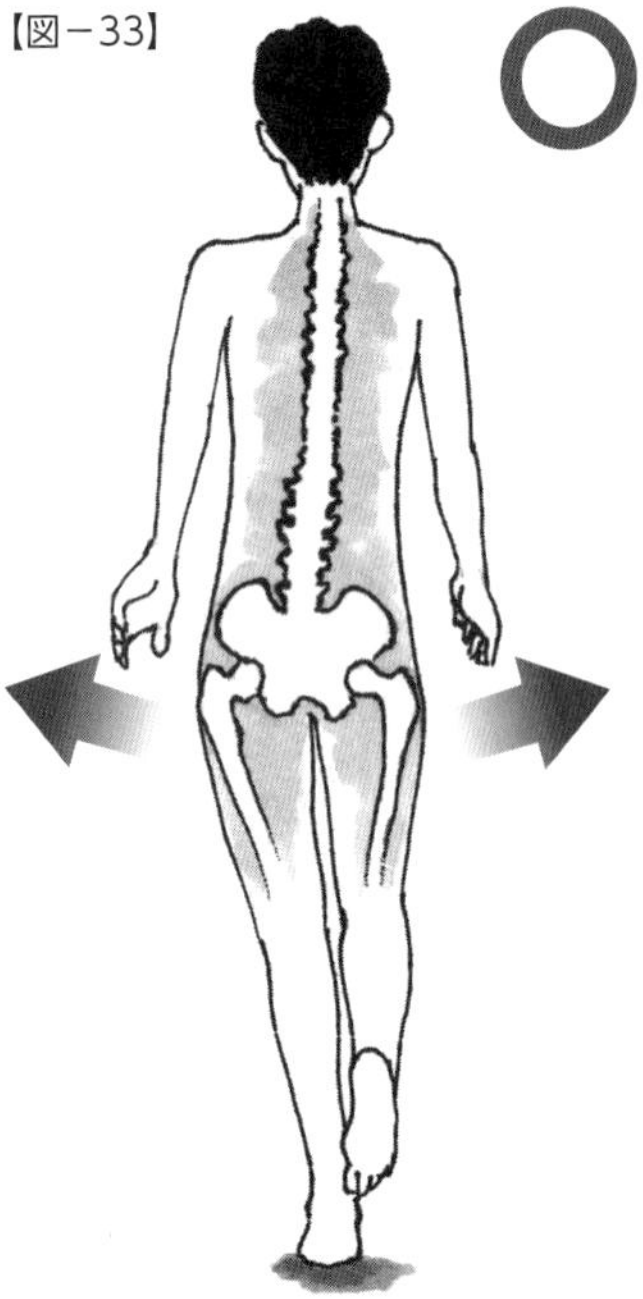

骨盤を左右に動かすことで歩く。

走っていると見なされます。

ちなみに通常、ウォーキングは片足の支持脚期が約65％、遊脚期が35％です。つまり、片脚のサイクルで考えると両足とも地面についている割合は15％となります。

一方、ランニングは片足の支持脚期は40％となり、遊脚期が60％、地面から両足が離れている割合は1サイクルあたり20％となります（Adelaar,R.S（1986））。というわけで、ランニングで両足とも地面についている時間はないのです。余談ですが、ご自身のランニングで両足とも地面についている時間があると思った方、周りからはあなたは早歩きをしているだけと思われているかもしれません。

カッコ悪いとか変だとか、何だかんだいわれても競歩は効率よく最大限に歩くスピードを高めたスポーツです。

現在、男子50㎞の世界記録は3時間32分33秒（２０１４年）です。フルマラソンを走った

【図－34】

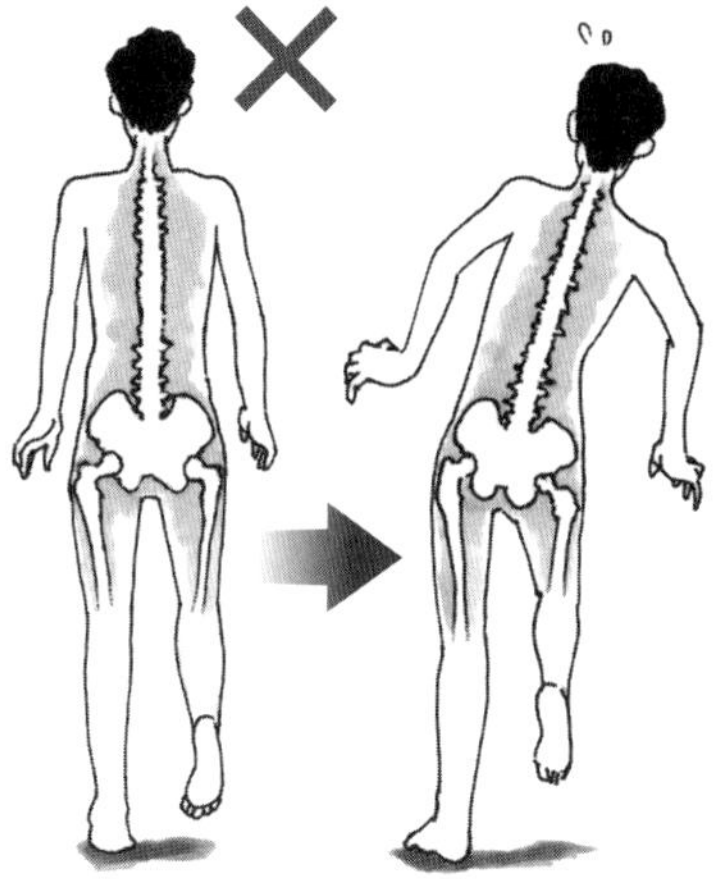

骨盤を中心に保ち、動かさないように歩くと……

筋力が衰えると、バランスを崩しやすくなる。

方なら42・195kmではなく50kmを3時間半で歩くというのがすごいことと理解できると思います。これをマラソンの距離である42・195kmに換算すると2時間59分20秒でサブスリーなんですよね、歩いて。

実は片足一点に荷重を掛けて歩くという意味において競歩とモンロー・ウォークはそっくりなのです。競歩では左右の足に交互に100％の荷重が掛かります。

もちろん、その時もう片方の足は0％荷重になります。それが左右交互に入れ替わりながら、スムーズに前進していきます。腰（骨盤）は左右に揺れますが、頭や肩は左右に振れません（【図－33】）。

◉大転子ウォーキングで骨盤を有効利用して歩いてみよう

それではさっそく大転子ウォーキングを練習してみましょう。次のページから「①基本の姿勢（左足の片足立ち）」、「②右足の振り出し」、「③右足の着地」、「④右足の片足立ち（①と対）」、「⑤左足の振り出し（②と対）」の五つのステップで解説しています。最初はカラダに動きを覚えさせるためにゆっくりと大きく歩くことをお勧めします。ゆっくり歩くことが効率よくスピードを出せる歩き方に近づく早道です。とくに今まで逆向きに骨盤を動かしていたような人は最初しっくりとこないと思うので何度もカラダの動かし方を確認しながら行ってください。カラダに大転子ウォーキングの感覚が染み込んできたら徐々にスピードを上げていってください。

文章だけではイメージが湧きにくいかと思いますので、わかりやすいように正面から見た図、横から見た図、上（正確には斜め上部）から見た図、骨盤の動きの模式図の4点をステップごとに描きました。練習の際に参考にしてください。

――大転子ウォーキングで歩いてみよう①「基本の姿勢（左足の片足立ち）」――

左足を支持脚として説明します。右足が遊脚です。

少し不思議な姿勢からスタートします。まず左足の膝を曲げずに立ち、その上に骨盤をしっかりと乗せます。この時、骨盤そのものは地面と水平、もしくは右側がやや下に傾くことになります。もし、ここで右の腰が上がっているのであれば、それは大転子周りの筋

①基本の姿勢（左足の片足立ち）

【正面】

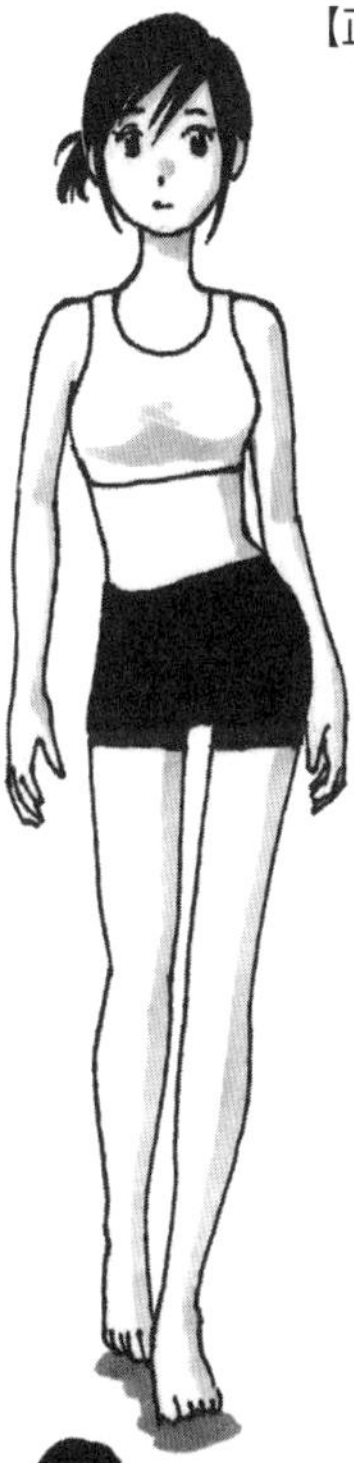

【側面】

【上から見た図】

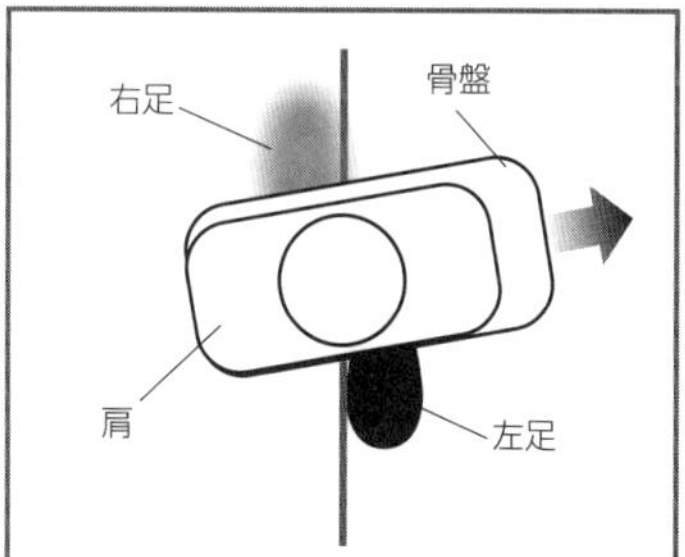

【骨盤の動き】

肉が硬直していてゆるんでいないということです。左足のほぼ真上に頭が位置します。お尻が真ん中にあるより左足の上に寄ることでかなりバランスが取りやすいことに気づくでしょう。しかし片足立ちになると、慣れていない人や中高年の人はバランスを保つのが難しく、最初ふらつくかもしれません。片足立ちに不安があるという方は、体勢を崩した時にすぐに掴まれるように、壁や手すりの近くでゆっくり練習しましょう。

体重がしっかり足に掛かると、大転子は外側に大きく張り出します。この時、後ろから見ると、お尻が左に寄ったように見えます。左の大転子を緊張させずにゆるませます。支持脚の左足の上に正しく骨盤が乗っかると、右足には一切荷重されません。この時カラダの重さを踵にしっかり荷重させるために左膝はまっすぐ伸ばします。この時点で膝が曲がってしまうと、必要以上に足の筋肉に力が入ってしまうので注意しましょう。体重を骨で支えているため、全身に力をほとんど入れずに立つことができるはずです。大転子ウォーキングで一番大切なのは力まずリラックスです。

――大転子ウォーキングで歩いてみよう②「右足の振り出し」――

歩き方①の姿勢から、右足を一歩踏み出します。右足は膝や足先からではなく、右側の骨盤から振り出すようにします。リラックスして膝下を軽く前に振り出してみてください。

②右足の振り出し

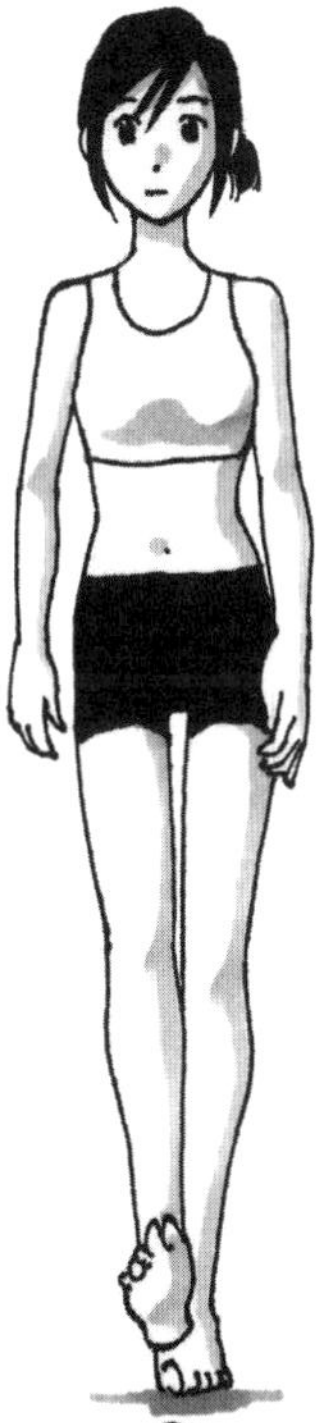

【正面】

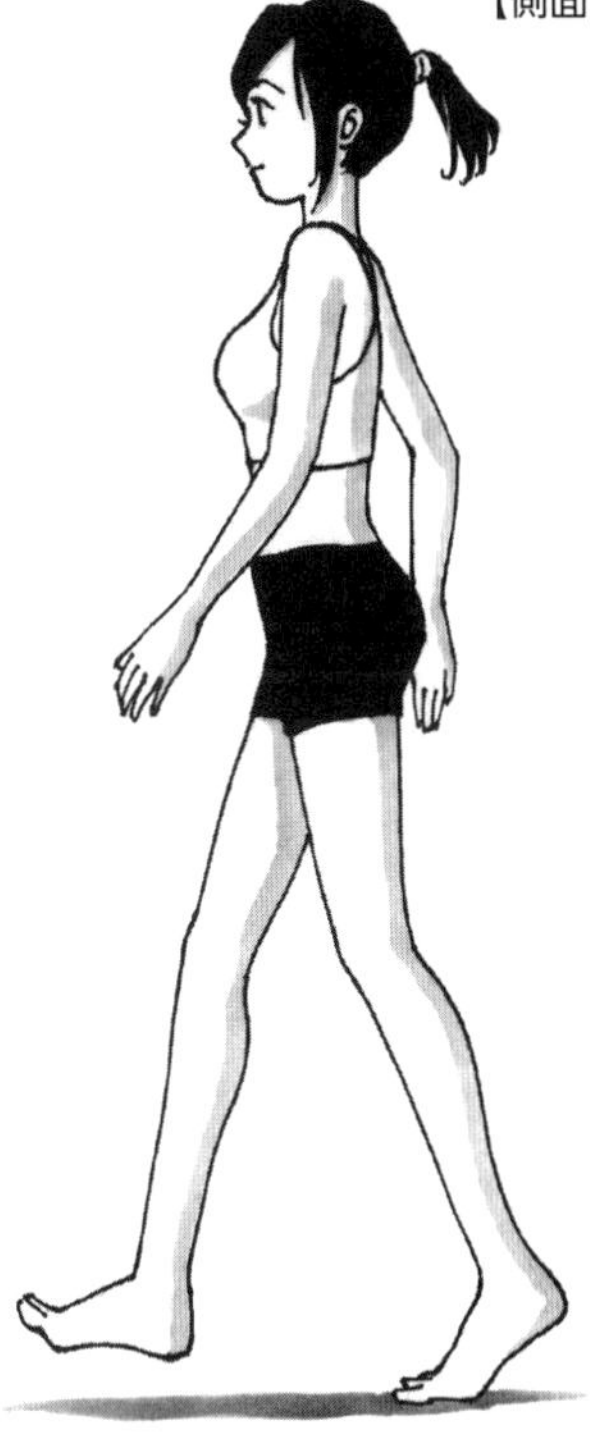

【側面】

【上から見た図】

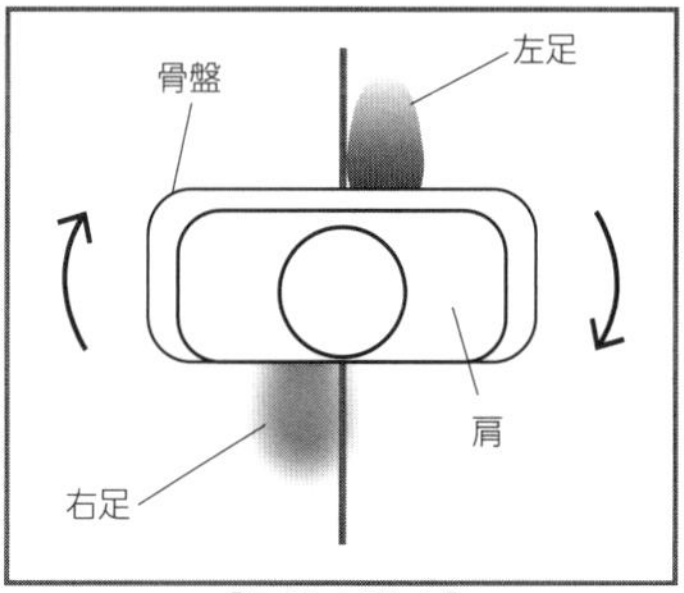

【骨盤の動き】

前ページのイラストはすでに振り出した後の状態で、右膝→右足先の順番で振り出されているところです。この時、骨盤は右側が後ろに下がり始め、左側が前に向かい始めます。骨盤の動きと足先の動きは絶えず対角になります。どちらかというと骨盤と膝の意識は同じタイミングで前方に動くと思ってください。

横から見て右足が軸足の左足を通過するあたりで、左足の荷重が抜けて踵が上がり出します。つま先や拇指球で蹴り出さないで力を抜いてスッと前に向かわせます。無駄に左足を残すような動作はしないようにしましょう。左膝はすぐに進行方向に向かわせます。後ろ向きの力を加えたり、膝を後ろに伸ばそうとしてはいけません。②の局面のみならず、膝は一切後ろ向きに蹴り出す意識は持たないようにしましょう。

――大転子ウォーキングで歩いてみよう③「右足の着地」――

歩き方②で骨盤の向きが足先の動きと逆になったため、それに伴って右足は手前にやや引き戻されるように着地します。位置は、外から見たらカラダの重心の少し前で、意識としてはカラダの真下です。そうすることで地面の流れに沿って着地するため衝撃を和らげることができ、腰から楽に重心に乗れて、スムーズに歩くことができます。

この時、無理に歩幅を広げようとせず、膝を軽く曲げて、足裏をフラットに着地させる

③右足の着地

【正面】

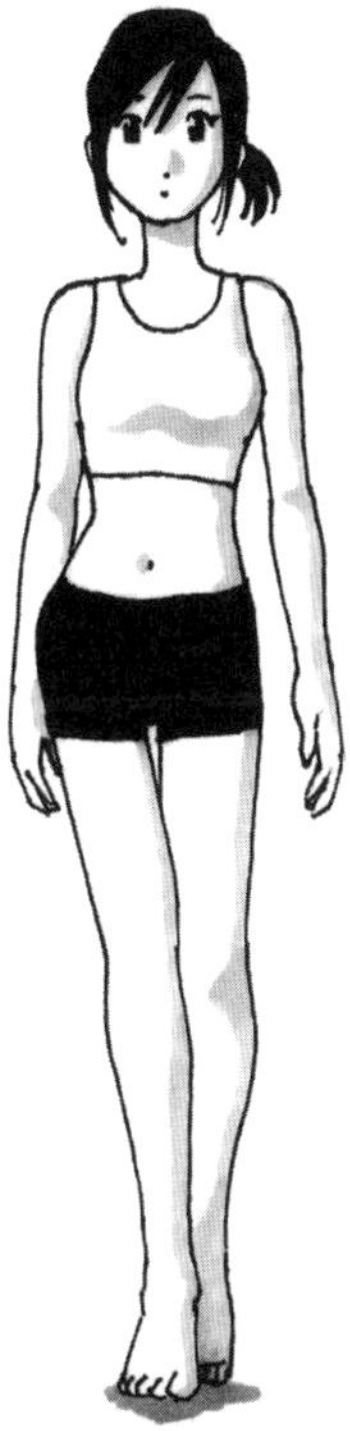

【側面】

【上から見た図】

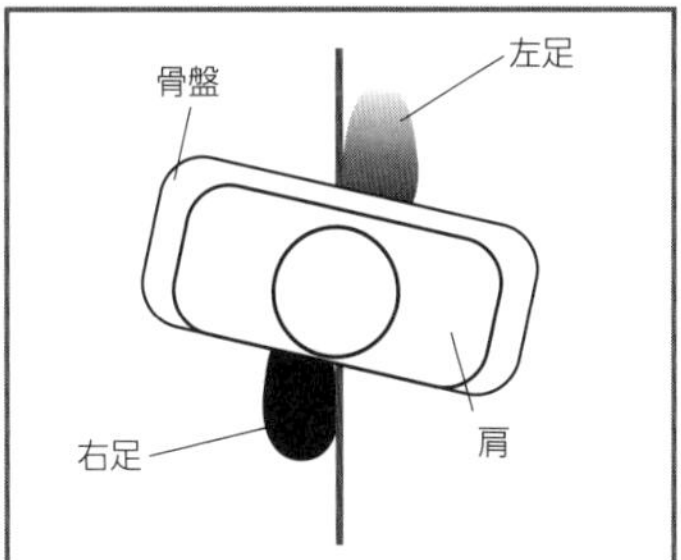

【骨盤の動き】

のがポイントです。裸足の場合、小指球くらいから着地する人もいるし、踵の人もいます。シューズを履いている場合、ヒールの厚みがあるので踵から着地することになるかもしれません。どっちにしろ足の裏の外側から着地するのが自然です。しかしその辺は意識しすぎると末端意識が過剰になるのであまり気にしないでください。気をつけるのはお尻が後ろに落ちないようにすることです。骨盤は前側に押し出す意識が大切です。左膝は左側の骨盤が前に出たことによって同じタイミングで前に振り出されます。

――大転子ウォーキングで歩いてみよう④「右足の片足立ち」――

今度は右足が支持脚となります。右足の膝は曲げずに、足の上に骨盤をしっかり乗せます。右足裏の真上に頭が位置します。

骨盤自体は水平、もしくは左側がやや下に傾くことになります（大転子ウォーキングの歩き方①の姿勢と左右対称になります）。この時、右の大転子周りの筋群には余計な力を入れず、ゆるませるようにしましょう。

体重がしっかり掛かると、右の大転子は外側に大きく張り出します。後ろから見ると、お尻が右に寄っています。正しく右足の真上に骨盤が乗っていると、左足には一切荷重されません。

④右足の片足立ち

【正面】

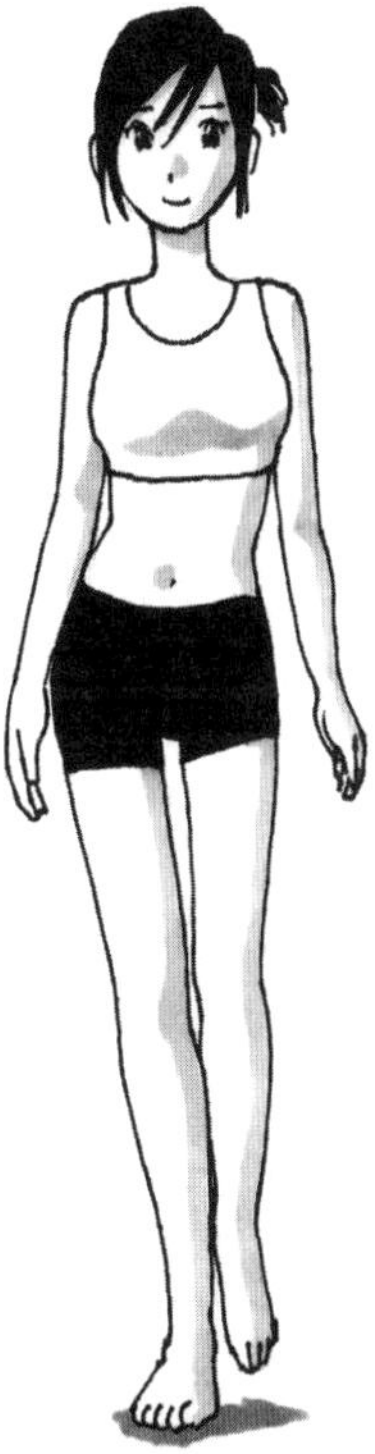

【側面】

【上から見た図】

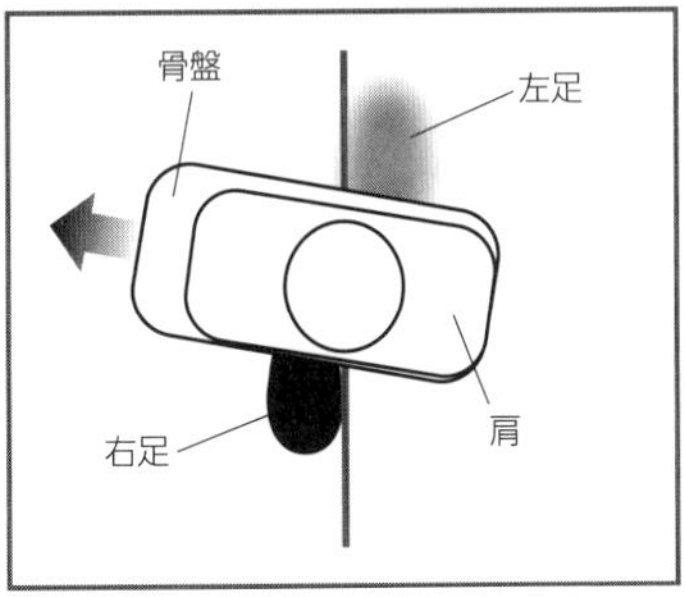

【骨盤の動き】

左足は、左膝、左足先の順番に振り子のように振り出されます。どちらかということと骨盤と膝は同じタイミングで前に出す意識です。左膝が一番前に出たあたりで左の骨盤は後ろに引かれ始めます。

――大転子ウォーキングで歩いてみよう⑤「左足の振り出し」――

左足の着地の局面です。骨盤の左側が後方に引かれ、右側が前に出始めます。左の骨盤が引かれることにより左足は後ろに引かれて地面の流れに足裏の動きが一致するように着地します。この①～⑤の動作の繰り返しが、正しい大転子ウォーキングの基本になります。しかしこのお尻をプリプリ振る動作は多くの日本人にとって恥ずかしいようです。

お尻を振るというより片足の上に骨盤をしっかり乗せると表現したほうがいいのかもしれません。この動作ゆえに遊脚をリラックスさせて前に振り出せることになります。まずは基本動作では大転子付近の筋群をしっかりゆるませてお尻を振ってみましょう。左右の大転子に重心をスムーズに移行できないと、骨盤がフワフワとした感じになって、上体がふらついてしまいます。腹筋や骨盤はゆるめて、左右の大転子に重心が速やかに移動できるようにしましょう。

初めて大転子をゆるませるという感覚をお持ちの方は最初、お尻の筋群をストレッチす

⑤左足の振り出し

【正面】

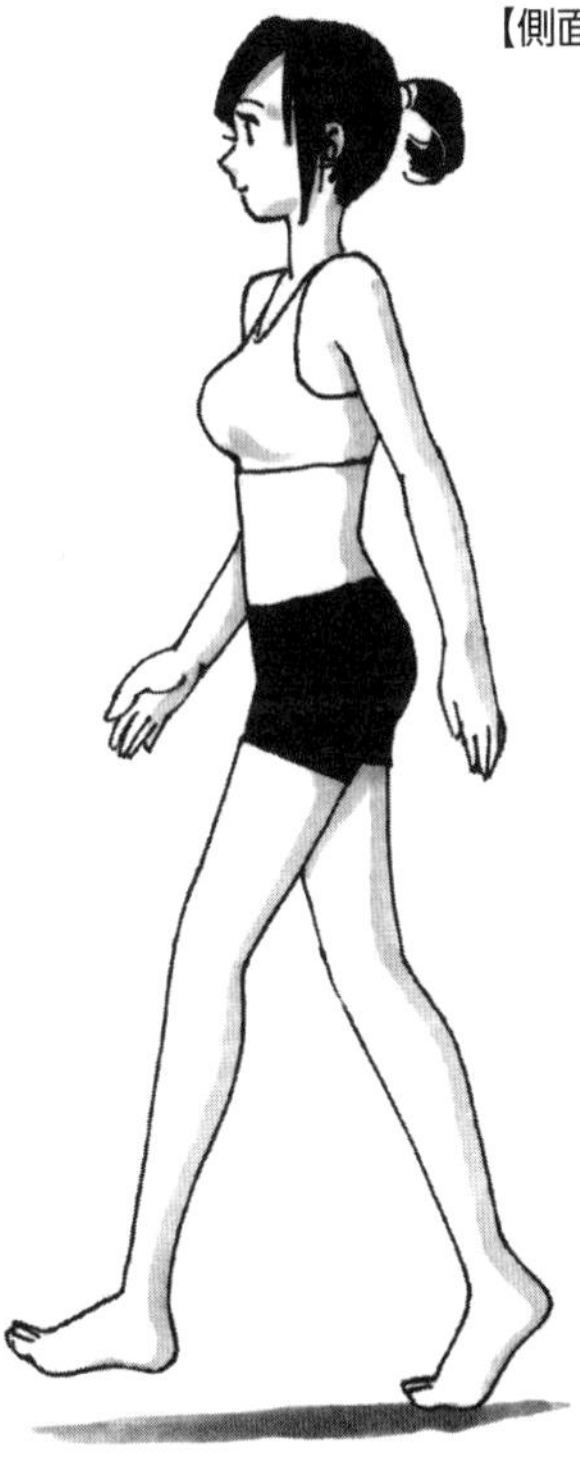

【側面】

【上から見た図】

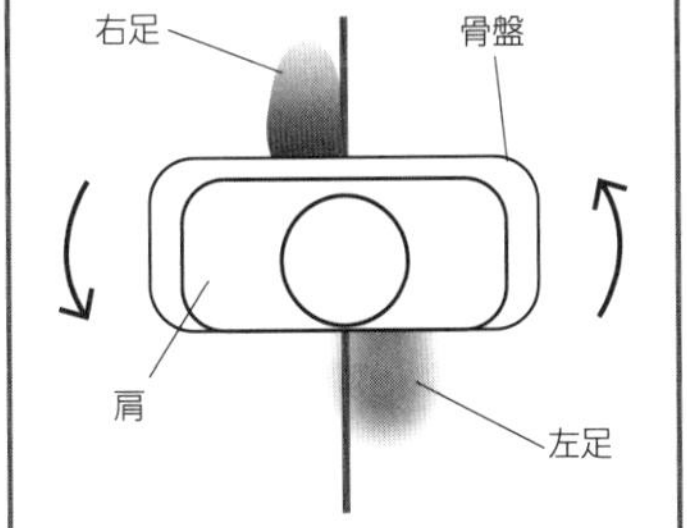

【骨盤の動き】

るような違和感を感じることもあるでしょう。股関節や膝に違和感を覚えることもあります。そうした場合は大転子を徐々にほぐしましょう。これも数日するとおさまってきます。無理に横に骨盤をずらし過ぎるのもよくありません。スムーズに動かせるようになるまで数日掛かることもあります。焦らずゆっくり試してみてください。

基本では大転子を意識して骨盤を大きく動かすような動き作りをしますが、速く歩けるようになるとお尻をプリプリ横に振る動作は自ずと小さくなっていきます。最終的に大転子ウォーキングの動きに慣れて速く歩けるようになったら腰の左右の動きは消失してもかまいません。しかしあくまで骨盤から足が動いていることを忘れずに。固めるのではありません。

無意識に大転子ウォーキングができるようになるまでがんばりましょう。速く歩くにはまずゆっくりと基本の反復が大事。どのスポーツでも同じです。大股でのっし、のっしと歩くのではなく、あくまで小股でスタスタと歩くことを心掛けてください。それでも充分、歩幅が出ます。足だけの大股開き歩きより上下動もなく、楽に歩幅も出せて、速く疲れずに歩けるようになります。

◉腕振りについて

体幹に関してですが背骨はひねらず、左側の骨盤が出た時は左の肩甲骨が出ます。また右側の骨盤が出た時は右の肩甲骨が出ます。それに伴い左右の腕は自然に振られます。イラストを参考にしてみてください。第2章にも書いたように腕振りは足の動きに対しての上体の制震装置なので歩くと自然に起きる動作です。ですので意識してわざわざ大きく腕を振ることは必要ありません。体幹の動きに合わせて自然に腕は振られるので意識するべきではないのですが、今まで厚労省お勧めの健康ウォーキングのように90度に肘を曲げて、不自然に歩いていた人からしてみればギクシャクするかもしれません。腕振りは基本的に骨盤の動きに連動します。右側の骨盤が前に出たら（右足ではないですよ）、それに伴って右腕も若干遅れて前に振り出されます。

気をつけるべき点は横から見て、肘は胴体より前に振らないようにすることです（前腕は前に出て構いません）。不自然な腕振りになって肩に力みが生じます。上体も振られやすくなります。後ろにも肘を意識的に引こうとは思わないでください。肩掛けカバンなどで後ろに腕振りできず、横に振るクセがついてしまっている人は気をつけましょう。中高年になって肩甲骨の可動域に難がある人も横に振ってしまう人が多いです。

◉裸足歩きのすすめ

以上が大転子ウォーキングの歩き方の説明ですが、イラストに描いたように可能ならば最初は裸足で練習してもらえたらと思います。室内の短い距離でもかまいません。冬は寒いでしょうから靴下を着用してもよろしいと思います。なぜなら本書は正しい歩き方、ウォーキングフォームを伝えることを主眼としていますが、感覚を研ぎ澄ますには裸足で歩くことが一番だからです。

以前、鎌倉のお寺で座禅会に参加したことがあります。お坊さんが座禅中の修行者の肩を叩くために禅堂内を巡回しているのですが、その静かな足さばきに感動したものです。彼らは裸足や足袋、草履などで歩くことが多いから自然と所作が身につくのかなと思いました。お寺の長い廊下なんて最高にうらやましい環境です。本書をお読みになっている皆さんも裸足で床を歩く環境や時間をなるべく多く作ってみてください。お坊さんの歩き方のように小股で静かに着地させるようにしてください。なるべく音を立てないということです。大股で踵の角から着地させると大きな音が出ます。

よくウォーキングやランニングの本には、土踏まずを機能させるために、タオルギャザーといってタオルを足指で丸める運動をしたり、グーパー体操などのストレッチやテニスボールで土踏まずのツボ押しなどを勧めますが、どれもこれも靴を脱いでただ裸足で歩く効果にまったくかないません。足関節を正しく機能させるには足を固めるシューズを脱いで自由に動かしてあげることが一番効果的なのです。革靴やブーツなんてもってのほか。「ランニングシューズやウォーキングシューズはクッション性や安定性のためにどんなにいいのでは？」いいえ、そのクッション性や安定性のために足の機能は死に体になってしまうのです。クッション性、安定性の高い靴を履いた現代人の足の故障は増える傾向にあります。

あなたの足の指はもうシューズの足先の形に束ねられたように変形していませんか？アキレス腱や足の裏は痛くなっていませんか？分厚くなったシューズのクッションのために人間は本来の歩きよりも歩幅を広げて踵から着地しても痛くなくなりました。ゆえに無茶な歩き方をしても表面上は痛くならなくなった代わりに、シューズの中の足は気づかないうちに徐々に歪み、本来の動きを忘れていっているのです。

パソコンのキーボードを打つ時やピアノを弾くときに、手にサポート手袋や安定手袋なんてていりますか？繊細な指の感触は手袋をした時点で失なわれてしまいます。ゴワゴワの分厚い手袋をした時の指の動かせなさを経験された人も多いはず。足は保護という名のもとにもっと固く分厚いものに覆われているのです。そう書くと、「足は体重を支えるためにもサポート機能は必要だ」と言う方もいるかもしれませんね。ではなぜ動物は靴を履かなくても歩けるのでしょう？人間より重たい動物もたくさんいます。動物に靴を履かせたら動物本来の歩き方ができないと思いませんか？人間だけサポート機能が必要なのですか？それは大股で歩き、着地衝撃が大きい歩き方へとシューズやインソールのメーカーの宣伝に誘導されているからではありませんか？足の指の関節も含め足が本来の動きができる状況、つまり裸足の時間をなるべく作ってください。もちろん外出時に裸足で歩けとは言いません。路面は固いし、外は何が地面に落ちているかわかりません。そして我々は子供の頃からずっと靴を履いて育ったので、弱ってしまった足で外の環境を歩くのは厳し過ぎます。その代わり、なるべく室内では裸足でいる時間を、そして歩く時間を作るといいと思います。室内でスリッパを着用の方はすぐに脱ぐことをお勧めします。

◉裸足歩きでウインドラス&トラス機構を理解すれば正しい着地が見えてくる

先日、登山ショップに行って、シューズを眺めていたのですが、若い店員さんから、とあるシューズを薦められました。

まぁ、時間もあるし履くだけ履いてみようかなと思い、「26のサイズです」と伝えました。すると、「こちらは専用の登山ソックスを履いていただいて、足のサイズを測ってからシューズを出させていただいてます」と言われました。

（ま、しょうがないか……）そう思い靴下を履きました。

「きちんと足をサポートした、シューズの中でずれない登山用ソックスとセットで購入されることをお勧めしているんです。いかがですか？」と言われました。

「そ、そうですね……。でもコレ、あんまりサポートされてる感じでもないですけれど」と言うと
「……まぁ、これは店頭に出してお客さんにたくさん履かれて伸びてますから」とのお答え。

（伸びてるの履かせられてもきちんとした感想言えないですよ……、そもそもこの靴下、お客さんが履いたたびに洗ってるの？）と心の中で思っていると、店員さんは「足型を調べます」と言って傍らにある測定器に乗せられました。

そして私の足元を見て腕組みしながら唸り始めました。

「お客さん、うーん、見たところ偏平足ですね……。お客さんの土踏まずが落ちていますね!!」

（え？　そうなの？）

ちょっと焦りましたが、今までシューズメーカーの３Ｄ足型測定でも偏平足と診断され

たことはありません。そのことを伝えると、

「えっと、その、あくまで見た目……ってことですね」とやや苦しい答え。しかしどうやら接客マニュアルがあるらしく、それにしたがって彼は強引に話を進めます。

「偏平足の場合、インソールでいいモノがあるんです」

（……また偏平足の方向に行ってるよ……）と苦笑。

「このインソール、医学的にも大変優れたものです。医療品ですのでお値段は確かに高いのですが効果は抜群なんです」と今度はインソールを薦め始めました。

それで私は気づきました。

（この測定器ってインソールメーカーのものなんだな……）

出されたインソールの上に足を乗せられて、サポート機能がうんたら〜とどんなに効果があるかのアピールが続きます。もうこの時点で10分は経過。さすがに業を煮やして、

「あの……、そろそろ靴を履いてみたいんですが……」と言うと、「あ、はい……」と、ようやく奥に行ってシューズを出してきてくれました。

でも、最初からその医療用インソールに替えようとするので、

「まずノーマルのインソールのまま履きたいです」

と伝えました。怪訝そうにする店員さんをよそにシューズを履いてみました。純正イン

ソールも含め、シューズ自体は悪くなかったです。次に医療用インソールに替えてもらいました。

「いいでしょう？」と覗き込む店員さん。……悪いけれどインソールを替えて正直どこがよくなったかわかりませんでした。多少剛性が上がったせいか、そもそもシューズの足型にあっていないせいか、踵を上げるとシューズの中で少し浮く感じがありました。よくわからないので片方だけ医療用インソールにして履き比べてみたんですが、それもあんまりよさは感じませんでした。そう伝えると、

「う～ん、じゃぁ、やっぱりお客さんの足は偏平足じゃなかったってことですかねぇ……」

シューズは悪くなかったのですが、そのお店で買うことはやめにしました。

人間は歩く時に地面からの衝撃を必要以上に受けないように足裏に土踏まずが形成されており、そのアーチが変形して衝撃を吸収するようになっています。土踏まずを持つ動物は人間のみであり、人間は背骨を立てて恒常的に二足歩行ができる唯一の動物です。そういった意味で馬やチーターなど四足歩行の動物と人間の歩行形態を比較、さらには真似をしようという研究や指導も散見されますが限りなく無駄な取り組みだと思います。

足裏には着地寸前にアーチを高めて足を固めるウインドラス機構が備わっています。着地寸前になると自然に足の指がはね上がるのです。サンダルで歩くと着地寸前に指が自然にフワ〜ッと上がっているのがわかると思います。

予期せぬちょっとした道の段差があるとタイミングがずれてしまい、空足を踏んでバタンという大きな音を立ててしまうことがあると思います。脳は大体このあたりに地面があるだろうと予測して指を上げて着地するための準備をします。そして衝撃を吸収しているのです。

完全にベタ足で立っている時に偏平足になっていても足の指が上がっている状態でちゃんと土踏まずのアーチができあがっていれば、何ら問題はありません。シューズショップなどで「偏平足ですね」などと言われたら「ウインドラス機構ってご存知ですか？」と聞いてみてください。

ウインドラス機構とトラス機構の動きを解説してみましょう（【図－35】）。

①着地寸前にウインドラス機構によって自然に足の指がはね上がり着地に備えます。指の骨の付け根と踵骨に繋がる足底筋膜が引っ張られ足裏は着地衝撃に備えて自然に固まります。

■衝撃を吸収するウインドラス機構とトラス機構　【図−35】

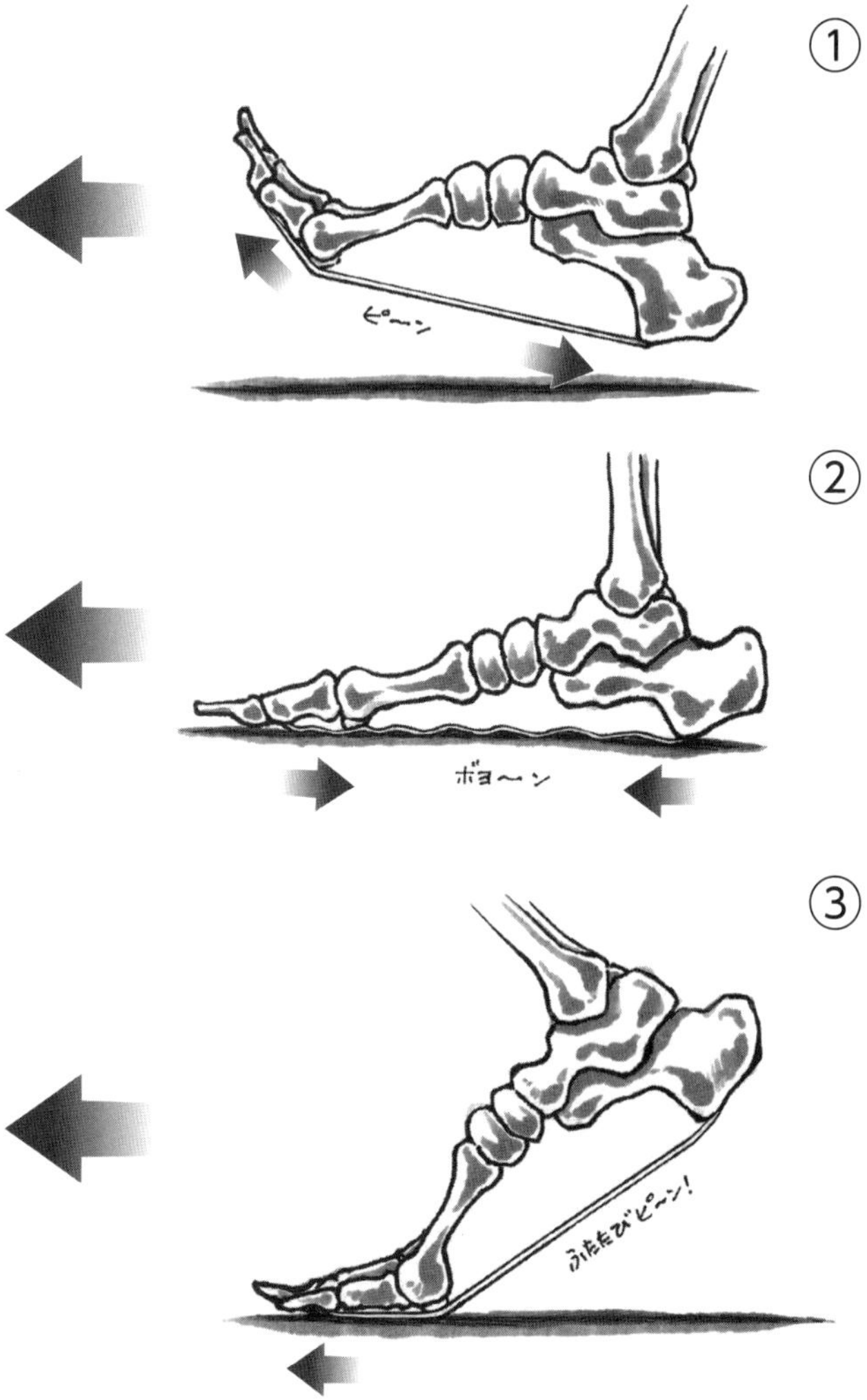

②着地すると、足の指が落ちることにより足底筋膜がゆるみ、足のアーチが崩れて衝撃を吸収するトラス機構が発揮されます。その際に筋膜はバネのように働き、クッションを形成します。

③重心が前に移動して足の指が曲がると、またウインドラス機構が働き始め、足底筋膜が伸ばされ足裏を固めて離地時の弾性エネルギーの有効利用に寄与します。これらは全て自然に起こることで故意に足首を固めたり、拇指球で蹴ったりしてはいけません。

このように着地時の衝撃を吸収することは、人間が本来持っている機能が勝手にやってくれるのです。その時に足の指を自由に動かし機能させることがウインドラス機構を発揮できるキーポイントになります。これだけでも裸足歩きの重要性がわかりますね。アッパーソールの固い靴を履いていると足の指が動かなくなり、足首自体が跳ね上がる代償動作のクセがついてしまうことがよくあります。その場合、踵の角から着地しがちになります。踵の角で着地してはウインドラス機構の恩恵をもらえません。ご覧の通り人間本来の足の構造はY字です。そのことを意識してフラットにクッションを利かせて着地するのが正しいのです。それが骨や筋肉に負担を掛けずに歩く一番の方法です。ぜひ裸足歩きで足裏感覚を高めてください。シューズの場合はヒールの高さにもよりますが、踵の角ではなく、踵の真ん中あたりから地面に着地するのがよいでしょう。ハイヒールの場合、踵からだとヒールがポッキリいくので、全体的なフラット着地を心掛けるようにしましょう。

◉裸足歩きはバランスもよくなり転倒予防にも！

あなたは片足立ちで靴下が履けますか？自信がない？立位姿勢を保持するカラダのバランスは視覚や聴覚、足裏から得た情報などを脳が複合的に処理して、適切な運動指令を筋肉に瞬時に伝えることで成り立っています。

足の裏には体勢を感知するメカノレセプターというセンサーが備わっています。足裏をこちょこちょとくすぐられると弱い人がいると思いますが、実はそのような足裏感度が高い人のほうが歩く時のバランス能力が高いのです。ほんのちょっとのカラダのぐらつきを足裏にあるセンサーで感知して、脳に送り、その情報を元に足の筋力でバランスの修正を行うのです。これはもちろん裸足だからこそ受け取れる情報です。

このセンサーには驚きの能力があり、例えば柔らかい絨毯と硬い板の床では歩幅を脳が変化させます。硬い床の方が着地衝撃を弱めようと歩幅が狭くなるのです。また筋電図で測ると硬い床だと足の筋肉は柔らかく使われ、柔らかい絨毯だと足の筋肉は固くなって着地による衝撃を一定に保とうとすることがわかっています。

実は片足立ちは機敏性と巧緻性が要求される、とても大変な動作なのです。ぐらつきに対しての立て直しの反応速度は加齢とともに低下し、バランス能力は40歳を過ぎると急速に低下するといわれています。片足立ちができる時間は高齢者になるほど短くなります。脳の神経伝達スピード、カラダの筋力の反応、足関節の柔軟度の衰えなどが原因とされています。最悪の場合、転倒に繋がります。

高齢者の骨折の90％は転倒が原因といわれています。NIA（米国国立老化研究所）はアメリカの全女性の半数が80歳までに大腿骨または脊椎骨折（とくに胸椎・腰椎移行部）を起こすと予測しています。背骨を骨折すれば死亡率が8倍高くなります。

その点、裸足歩きで大転子ウォーキングを練習するとバランスにおいても利点があります。裸足センサーで高められたバランス感覚で片足の上にしっかり骨盤が乗っかるために、一歩一歩がとても安定します。大転子ウォーキングを練習するだけで、片足立ちも楽にできるようになり、転倒もしにくくなります。

ウォーキングの本の中には、最初から浮いているほうの足に重心を移動させて不安定な形で歩を進ませるなどと指導しているものもありますが、それらは若い世代を念頭に置いた発想で、足腰が弱った中高年には勧められません。とくに階段や坂道などの下りの局面でその歩き方をしたら、着地衝撃が強くなり、バランスを崩しやすくなります。

歩き方の基本は、片足立ちがいつでもできるように支持脚側に重心を置くことです。速く歩けるようになるにつれて、重心を徐々に中央に寄せていきましょう。

◉人間本来の歩行ラインは1本線に近くなる

筋力が衰えてバランス感覚が鈍ってしまった中高年の方は、左右の足幅を広げて歩くことが多くなります。そしてバランスを取るように頭を左右に振って歩くようになってしまうのです。歩行ラインを見てみると左右に広がった長方形のような形状になるのです。最初は骨盤自体が使えておらず、なかなか1本のラインで歩けないと思います。その場合、最初は2本のラインを意識した上で大転子ウォーキングを習得し、徐々に左右の足幅を狭めていけばいいでしょう。

ランニングでは、よく「1本のライン上を走るのか、2本のライン上を走るのか」が議論になります。1本のラインというのは左右の足が1本の線の上を進んでいくイメージです。2本のラインというのは足の幅を保ったまま、左右の足がそれぞれ別の平行した線の上を通っていくイメージです。1本のラインか、2本のラインか。カラダの構造を踏まえ

【図－37】

【図－36】

れば答えはおのずとハッキリします。

　大腿骨は骨盤から真下に繋がっているわけではありません。骨頭から大腿骨頸で一旦細くなっており、成人男性で120〜130度の角度で大転子が外側に張り出し、そこから約10度ほど膝関節に向かって内側に入り込むように「く」の字型に繋がっています。このように大腿骨がカラダの中心に寄る形になっているため、人間は簡単に片足で立つことができるのです。

　片足立ちをした時に、上体を外側に傾けてバランスをとる人は、大転子をゆるめることができておらず、骨盤が大腿骨の上にうまく乗っていません（【図－36】）。大転子をきちんとゆるめれば、腰が外側に移動して上体はほぼ垂直になります（【図－37】）。

さて、1本のライン上を走るのか、それとも2本のライン上を走るのかですが、大転子をゆるませて骨盤を使いながら走れば、放っておいても1本のライン上に左右の足が寄って着地をすることになります。もちろん歩く過程でも一緒です。

矛盾するようですが1本ライン上を歩くのはカラダにとって不安定なので、ゆえにバランスを取るために重心移動がスムーズになり速く歩けるし、速く走れることになります。

ですので、「1本のライン上を歩くのが正しい」と言いたいところなのですが、意識して1本のライン上を歩くことはやめましょう。ギクシャクとした末端意識になってしまい

【図－38】

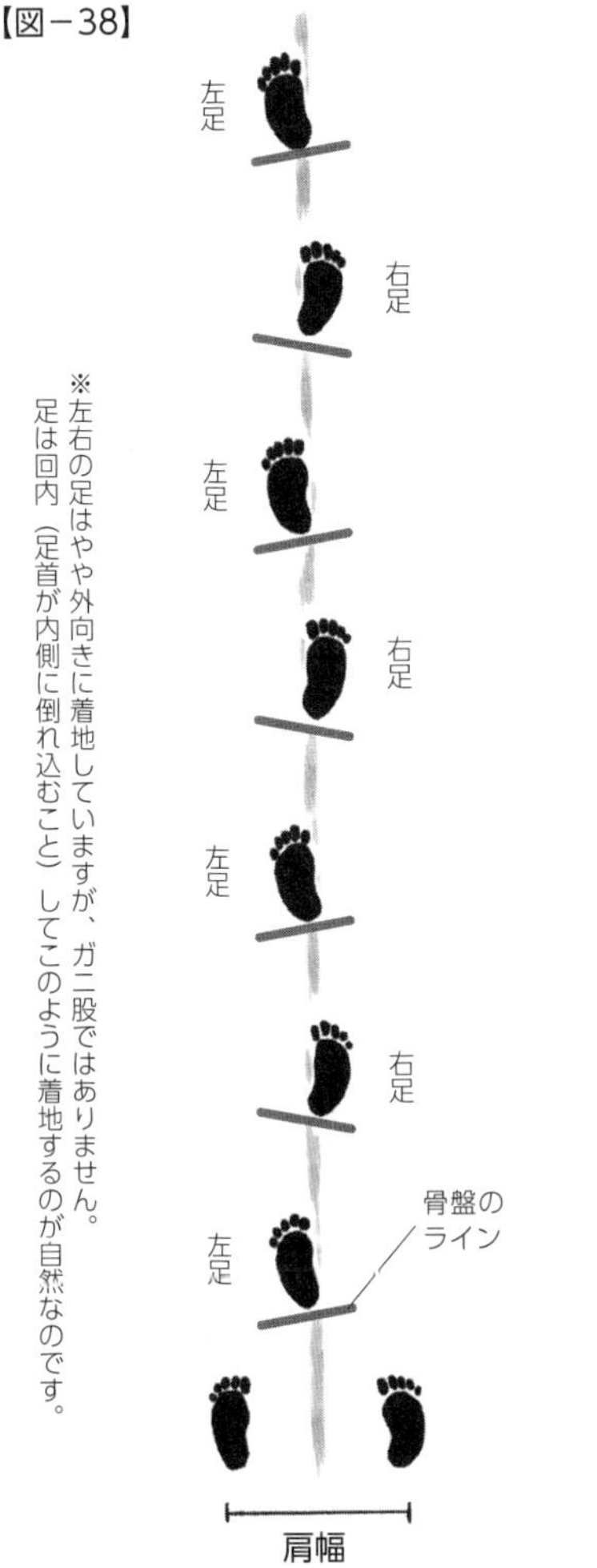

※左右の足はやや外向きに着地していますが、ガニ股ではありません。足は回内（足首が内側に倒れ込むこと）してこのように着地するのが自然なのです。

骨盤を正しく使った大転子ウォーキングはほぼ1本のラインになります。

ます。大転子ウォーキングがきちんとできていれば、自然に1本のラインに寄っていきます。個人的には1本のラインというよりも、1本のラインを挟んでその左右を歩くという意識が一番イメージに合うと思います（155ページ【図-38】）。

◉大転子ウォーキングの意識づけ

大転子ウォーキングで歩くために日頃から留意したいポイントを挙げておきましょう。

①歩く時にカラダの中心を意識する。といっても背骨ではない。恥骨から前側に頭まで芯が通っているイメージ。上半身（胸からお尻）からスーッと重心が前に移動している感覚を持つ。

②つま先や踵から前に出すのではなく、骨盤と膝が前に行く。その後に足先が振り子のように放り出される感覚。骨盤はただ大きく動かすのではなく小さいキッカケ作り。そして膝から下は意識的に前に振ってはいけない。

③着地寸前に骨盤が引かれ、それに伴い足先が少し引かれて踵の足裏部分から着地する。

骨盤と左右の足先は互い違いに動くことになる。

④膝は着地の時には曲がるが、カラダの真下を通過する時はまっすぐになる。

⑤足先で地面を蹴って進まない。膝も後ろにまっすぐ伸ばそうとしない。膝は常に前に出すのみ。

⑥大股で歩こうとせず、小気味よいテンポでスタスタ歩くようにする。

大転子ウォーキングに慣れると、姿勢もキレイになり、楽に速く長く歩けるようになります。骨盤も自然に前傾します。骨盤前傾を謳うウォーキングもありますが、ただ「骨盤を前傾させましょう」と書いてあることがほとんどです。形から入った骨盤前傾ではなく、きちんと大転子に乗っかったウォーキングができるようになると、自然に骨盤は前傾するのです。腰椎の部分を無理に反らせるようにしてはいけません。あくまで腰椎は動かないもの。動くのは股関節であり大転子だと思ってください。

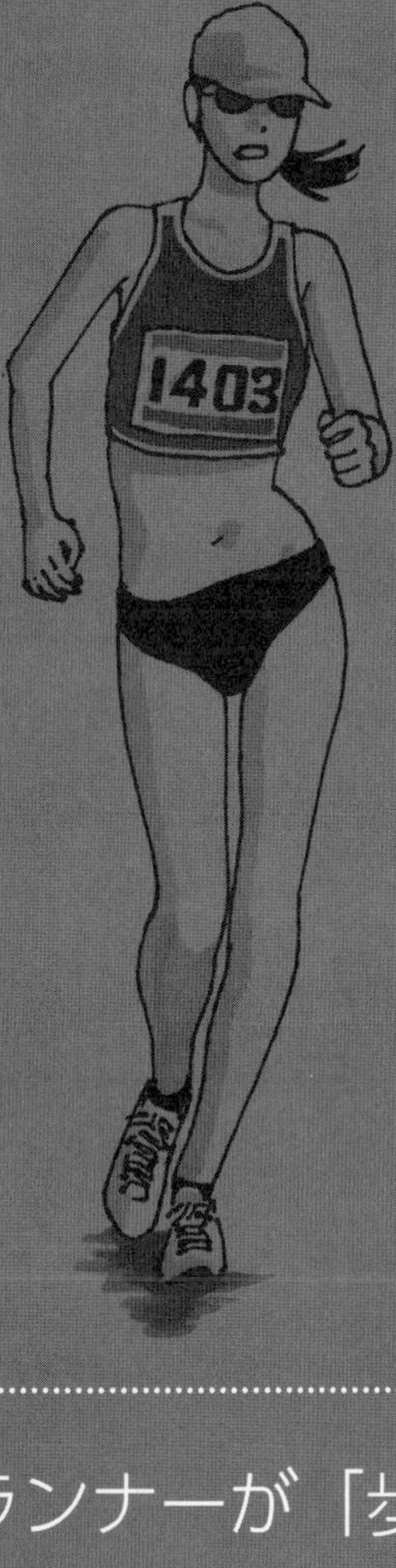

第5章

ランナーが「歩き方」にじっくり取り組むべき理由とは？ウォーキングとランニングを結ぶもの

◉ウォーキングで筋肉に負荷を掛け続けることはできるのか

一般的に体力とは長時間の持久的運動ができるかがその指標となります。歩くスピードでおおまかに体力レベルがわかるのです。皆さんも医療機関の健康診断のアンケートで「人より歩くのが速いと感じますか？」という質問を目にしたことがあるでしょう。人に対して歩くのが遅いと感じる人は体力が低いと言えます。私が速くウォーキングする利点を強調するのはそのような理由からです。

年齢を重ねると日常生活が不活動になりがちで、加齢に伴い体力低下や脂肪蓄積、そして筋肉量が減少していきます。加齢で筋肉が大きく減少する状態をサルコペニアと呼び、バランス低下による転倒など介護の原因となる様々な健康阻害を引き起こすきっかけとなるといわれています。そして加齢による体力レベルの低下が生活習慣病発症の根本原因なのです。それらを予防、改善するには筋力と心肺機能を増加させなくてはいけません。

一般的に加齢によるサルコペニア予防・改善にはダンベルなどを用いて筋肉へ負荷を掛ける筋力トレーニングが効果的だといわれていますが、こうした筋トレは心肺機能の向上にはあまり効果がないといわれています。一方、ウォーキングは有酸素運動として一定の効果はあるものの、筋肉を増加させる効果はあまり期待できないといわれています。80

00歩であろうと1万歩であろうと「だらだらと」歩いてもほとんど健康への効果はないのです。とにかく歩いてさえいれば必ず健康になれるとは限らないのが現実です。それに対して生まれてきたのが目標心拍数を定めて速く歩きましょうという「速歩」というアプローチです。

◉ウォーキングなのに走り出してしまった女性レポーター

筋力トレーニングと有酸素運動、それら相反する2要素をミックスさせるには最大体力の70%以上の「ややキツイ」と感じる運動をすることが極めて有効であると多くの研究により示されています。なので本来、体力向上のための健康ウォーキングならば最大体力の70%以上の速さで歩くことが求められます。

さて最大体力とは何でしょうか。それは心拍数である程度わかります。通常、運動強度が高くなるほど、心拍数も並行して上がっていきます。最大で心拍数がどこまで上がるかは、年齢によってある程度決まっており、若いほど高くなります。逆に、体力のない人は若くても運動中に年齢に見合った心拍数の上昇が得られない人もいます。持久的に一定のペースで運動した時に表れる最高心拍数が最大体力の指標となります。その70%といっても単純に0・7を掛けるのではなく、カルボーネン法という計算式で求められます。

目標心拍数＝（２２０－年齢－安静時心拍数）×運動強度70％＋安静時心拍数

何だかややこしいですね。私に当てはめてみますと、私の最大心拍数は１７０。もう56歳の私はどんなに激しい運動をしてもこれ以上には上がりません。安静時の心拍数は45程度。前は65ほどありましたが長距離のランニング練習に耐えうるように心肺機能が向上した結果です。そして目標心拍数となると（２２０－56－45）×０・７＋45＝１２８・３／分となりました。おおよそ１３０としましょう。ところが私にとって１３０／分という心拍数はキロ５分15秒程度で15分ほど走らないと到達しません。もちろんウォーキングで到達する心拍数ではありません。歩くだけだと80以上にはまず上がりません。

結局、ウォーキングで心拍数を上げるには、とにかく競歩なみにものすごく速く歩き続けるか、階段を上るか、重たい荷物を背負うなど負荷を掛けるしかないのです。しかし速く歩き続ける場合、ウォーキングのフォームは余計な力が入ったものとなり、まさに力任せでぐいぐいと局所の筋肉を使った歩き方になってしまいがちです。ウォーキングエコノミーをわざわざ落とすのです。重いものを背負って歩く場合も肩や腰などに負担があり、痛みを抱えるなど故障と隣り合わせになりがちです。

テレビで20代の女性レポーターが大学の先生の指導の下、健康ウォーキングを実践する番組をやっていたのですが、その女性レポーターの最大心拍数は私と同じ170でした。20代としては低い数値です。その女性レポーターの70％＠最大体力はおおよそ心拍数が145でした。かなりドキドキしなくてはいけないですよね。そんなに高い心拍数を歩くだけで出せるのかな？という印象を持ちましたが、案の定、女性レポーターは歩くだけでは心拍数が上がりきらず、途中からカメラの前で走り始めてしまったのでした。ランニングではなく、あくまで健康ウォーキングという提唱のためにあわてて制止する大学の先生。苦笑する顔が印象的でした。

◉体力向上に合わせて歩きから次のステップ、ランニングへ

中高年や若い人でも運動習慣のない人の8割は歩くだけで最大体力の70％に達するということですが、にわかには信じられません。最初の1～2回はそうかもしれませんが。ややキツイと感じる運動といいますが、その大学の先生に言わせると「5分くらいすると動悸がしてくる、10分くらいで汗ばんでくる、20～30分歩くと脛の筋肉がちょっと痛くなる感じ」とかなり曖昧な定義です。ご自分の啓蒙する健康ウォーキングの門戸を広げようとしてどんどん楽な方向に行ってしまっているのではないでしょうか。

そしてその大学の先生の速歩のやり方を拝見しましたが、厚生労働省が勧める健康ウォーキングと同じく無駄に大股で地面を蹴り出す、まさに筋力を使う歩き方でした。脛の筋肉が痛くなるのは私に言わせればつま先を着地時に無駄に上げて、踵落としをし続けるための前脛骨筋の局所疲労です。

結局、体力を向上させるアプローチは、歩くだけではどんなに工夫しても難しいのではないかと思います。今を生きる中高年は元気です。医療も発達して健康を享受する多くの中高年にとって、最大心拍数の70%以上の負荷をカラダに与えるにはウォーキングのみでは負荷が軽過ぎます。もちろん美味しい料理やお酒をどんどん飲み食いしている人にはひと駅手前で降りて歩いても時間の無駄でしかありません。それでご褒美とばかりにコンビニでスイーツを買って帰り、夜のテレビ番組を観ながら食べたら、ダイエットにも何ら効果がないと言っていいでしょう。私は健康的な中高年にとって、ウォーキングはあくまでA地点からB地点への手軽な移動手段としか活用されないと考えています。健康体力を向上させるためとしては効果的ではなく、不十分と言わざるを得ません。歩いてもそんなに息が切れなくなり、長い距離でもそう疲れなくなったら、足腰も心肺機能もウォーキングによる健康の向上の限界に近づいているということです。

ウォーキングは運動初心者、または長期休止後に運動を再開する人のための簡易的なプログラムとしては活用できますが、体力が上がってきたら、それ以上の向上はさほど得られなくなります。速歩は動脈硬化など血液の循環器系の疾病予防には効果はありますが、老化による筋量の低下防止はあまり期待できません。歩くだけでは筋力は加齢に抗えず維持するどころか低下するという報告もあります。筋トレでも何も持たないでアームカールをしても効果はほとんどないのと同じです。もちろん延々と歩き続ければ、それなりの効果はあるでしょうが、毎日2～3時間以上歩き続ける時間ももったいないでしょう。老若男女、年齢から体力まで十把一絡げで語れるものではないのです。次のステップに進むべきです。

◉対立概念としての速歩とスローなジョグ

ランニングは運動として強度が高く、若くて元気な人が行うものというイメージがあります。走ったら膝を痛めるとか心臓に悪いといった誤解されたイメージもあり、体力の低下した高齢者には適していないと考えられていました。そこで考え出されたのがゆっくりとしたジョギングで健康増進を図ろうというアプローチです。その方向性は歩くだけでは万人に対して体力向上効果は不十分であり、筋肉や心肺機能に対して負荷が掛けられないから「やっぱり走りましょうよ」という理念で考えられたものです。歩幅も40～50㎝程度、走るスピードも息が上がらず、友人同士しゃべりながら笑顔が保てるくらい。体力レベルの低い方でも無理なく体を動かせ、簡単に安全かつ効果的にダイエットにもアンチエイジングにも効果的な健康づくりの運動といったものです。私は大いに賛同します。ところがこれもまた門戸を広げるために方向性がブレたものとなっていきます。

まずは最大体力の指標となる目標心拍数ですが、速歩よりも低く設定されています。

目標心拍数＝１３８－年齢÷２

この計算式で求められるようです。私に当てはめると１１０となり、キロ8〜9分ほどの相当ゆっくりとしたスピードで走らないとその心拍数にはなりません。当然、最大体力の70％などという負荷は掛けられません。ニコニコと笑顔で友達同士で話ができるペースという説明やスローなジョグという言葉のイメージから、ランニングの強度を低くして走ることが体力向上に繋がるという提唱になっていきます。そしていつの間にか速く走ることは健康を害し、遅く走るからこそ健康になれるというアプローチに変色してしまったのです。しかしそれではランニング人口全体を取り込めないと考えたのか、スローなジョグをしておけば、サブスリーも達成できるという奇妙な論理に発展していきます。

一方で、息が上がらず仲間と笑い合いながら走るペースとしてスローなジョグは乳酸性作業閾値《いきち》（LT）付近でのランニングが設定されています。私のマラソンの記録から出された乳酸性作業閾値はキロ4分。おおよそフルマラソンのレースペースです。心拍数は150以上にまで上がります。乳酸性作業閾値は人によって違うとはいえ、とても笑顔で話しながら走れるペースではありません。息が上がらないなんてとんでもない。ゼーハーゼーハー、ずっとしかめっ面です。ところがスローなジョグの目標心拍数は110という低い数値。矛盾しています。そんなのでサブスリーで走れるわけありません。結局、提唱するスローなジョグという運動プログラムを広めたいゆえに優しくて甘い言葉の羅列になってしまっているのです。

私は自己ベストを狙うマラソンという競技に取り組んでいるイメージからガチ走りオンリーと思われている節がありますが、ゆっくりとしたジョグがむしろ好きで、そのやり方も拙著『「大転子ランニング」で走れ！マンガ家53歳でもサブスリー』で解説しております。でもウォーキングにしてもスローなジョグにしてもその人にとって適度な過負荷であることが大前提だと思います。負荷を掛け続けることによって筋肉がつき、持久力が向上するのです。

私の専門競技は42・195㎞を走るフルマラソンですが、その練習体系は多岐に渡ります。常にマラソンで走るスピードで練習していると思われがちなのですが、実は練習するスピードはまちまち。短距離のようなダッシュからゆっくりとしたジョギングまで様々なスピードで走ることが大切ですし、それが一番速くなります。そして筋トレもやらないよりはやったほうがいい。体の左右バランスや故障予防にも。本書はウォーキングの本ですが、いつまでも健康でいたい、いくつになっても自分の足で歩きたい。そう思うのなら、私はウォーキング派だから、私はジョギング派だから、という対立概念ではいけないと思います。速歩もスローなジョグも目標心拍数を設定して最大体力の向上を目指したトレーニングという意味では同じ方向性なのです。それぞれいいところがあり欠点がある。食わず嫌いはいけません。梅干、野菜ジュース、魚の肉。何かひとつの食品を食べ続けることで健康を維持することができると考えるのが荒唐無稽であり、さらにデメリットのほうが増加するのと同じように、何かひとつの運動に固執するべきではありません。年齢や体力に合わせた心拍数を設定して効率的に運動することをお勧めします。ウォーキング、ランニング、筋トレ、ストレッチ。可能ならダンス、球技などさまざまな運動をミックスして自分のカラダに刺激を与え、いつまでも健康であること。とどのつまりそれが皆さんの目指すことなのですから。

■ランニングによって「痛み」を抱えている部位

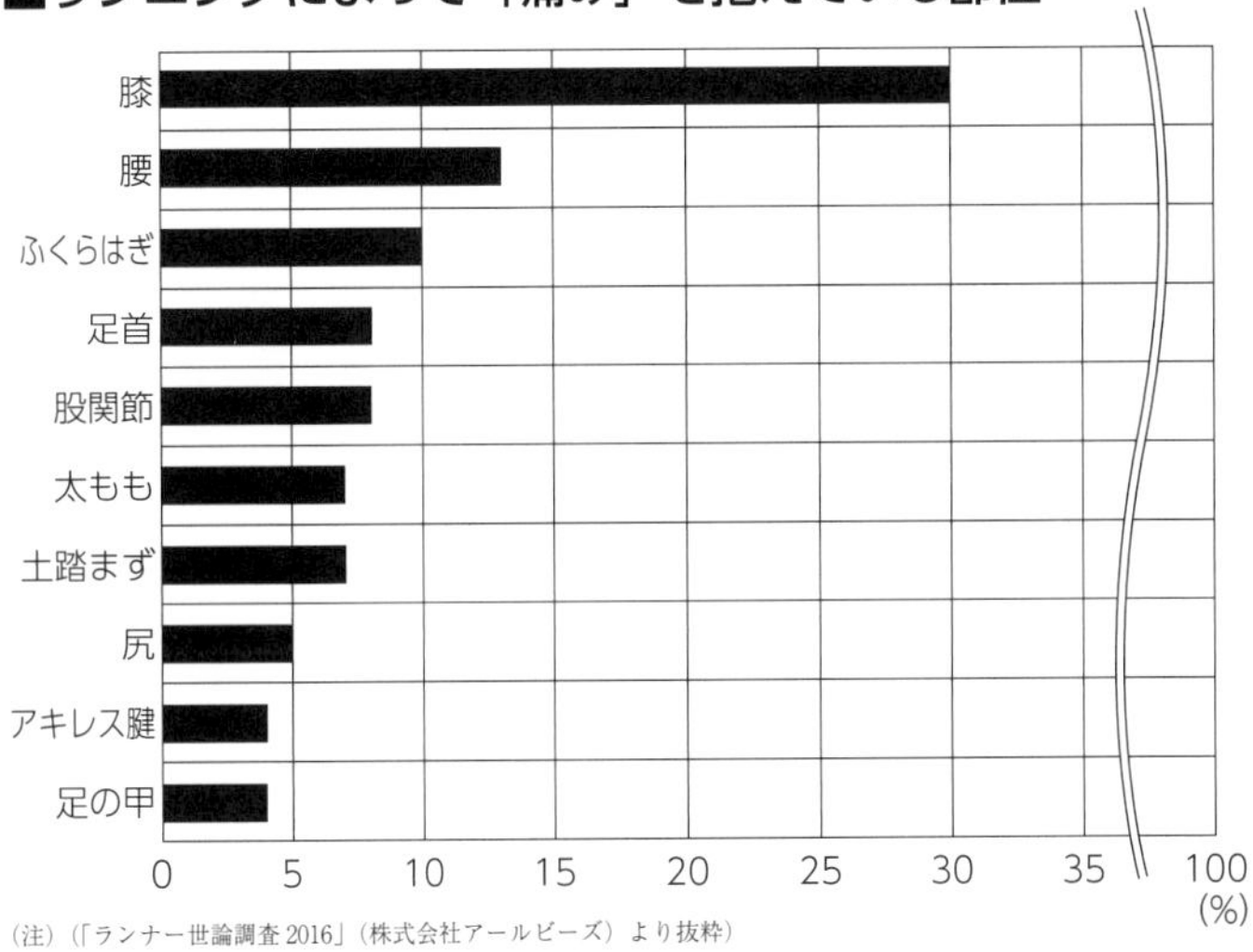

（注）（「ランナー世論調査2016」（株式会社アールビーズ）より抜粋）

◉走り出すと気持ちいいし違う景色が見える

健康寿命を延ばすためにも走るアプローチをしてみましょう。「走る＝膝を痛める」と思い込んでいる人も多いと思います。実際、ランナーの痛める箇所は膝がダントツです（グラフ）。しかしそう結びつけてしまうのはフォームが悪いまま走ってしまうから。ランニングに限らずウォーキング、筋トレなどは正しいフォームでやらないと故障する危険性が高くなります。きちんと正しいフォームで走れば膝は痛むどころか、着地衝撃に耐えうるだけの筋肉もつき、膝関節もまた強くなります。そして結局、さらに体力が上がった人にはスローなジョグですらも効果が感じられなくなる時がくるのです。その時は拙著『走れ！マンガ家ひぃこらサブスリー』をお手に取ってみてください。さらに刺激的な世界が待っています（笑）。

あとウォーキングとランニングとの大きな違いは汗をかくこと。汗をかくこと自体を嫌がる方がいるのはわかります。夏の時期はただでさえ暑いので汗はかきますが、春秋そして冬に歩いてもなかなか汗は出ないものです。しかし走り出すと冬場でも汗はかきます。一方でスポーツをした時の汗をかく気持ちよさを知っている人も多いはず。新陳代謝がよいカラダは何をおいても大切です。淀みのないカラダを川に例えてみましょう。海に近い大河は川の流れも遅く、堆積物も多く淀んでいることが多いですよね。そして臭気もすごいです。動かないカラダは体中の血液やリンパの流れが淀んでいます。目指すは山に近い上流の透明な清流です。毎晩遅くまでデスクワークをするなどしてカラダを動かせないでいると、精神性発汗という汗が出ることがあります。

この汗は、汗本来の目的である体温の上昇を防ぐために出るのではなく、緊張やストレスに対してカラダが防衛反応で出すものです。脇の下や陰部、肛門、耳の中、乳輪などにあるアポクリン腺という場所から放出されるのですが、脂汗といわれるようにやや粘り気があり、タンパク質や脂質、糖質、アンモニア、鉄分などのミネラルが含まれています。これらの成分が、体表にある常在菌と結びつくことにより臭気を放ち始めます。

一方、「ランニングによる汗は匂わない」とよくいわれます。スポーツの時にかく汗は、運動時のカラダの体温の上昇を抑えるためにエクリン腺と呼ばれる全身に存在する汗腺から放出されます。エクリン腺からの汗は、99％が水分でわずかに塩分が含まれている程度で無臭です。

どうせかくなら気持ちよく走ってエクリン腺の汗をかき、かいた分だけ水分を補給して流れがあるカラダを目指しましょう。

もちろん汗をかいたらサッとシャワーを浴びるとスッキリしますよね。

◉マラソン世界記録保持者キプチョゲ選手の歩行動作

ケニア人のマラソン選手エリウド・キプチョゲをご存知でしょうか。2018年のベルリンマラソンにて2時間1分39秒というフルマラソンにおける驚異的な世界新記録を叩き出した選手です。「これはマラソン本じゃないよ?」そのような声が聞こえてきそうですが、少しマラソンヲタク話におつきあいください。

第4章の大転子ウォーキングのやり方において、カラダの芯を前側に意識すると書きましたが、ほとんどの人は背骨がカラダの中心にあると考えてそこを中心軸としてしまいがちです。当然背骨は背中にあるので後ろ体重になってしまいがちです。キプチョゲ選手の歩行動作の映像を観ると踵が浮いている時間がとても長いのです。といってもふくらはぎを固めて踵を上げているのではありません。彼は背中側にある背骨がカラダの中心とは考えておらず、前面の胸側に芯意識が強いのだろうと思います。常にカラダの前側に重心が乗っていくように移動しています。なので歩いていても支持脚の踵がすぐに浮き気味になるのです。キプチョゲ選手は歩く時、支持脚がカラダの真下を通過してからすぐに踵は浮き始めます。「俺、走る時は速いんだけれど、歩く時は人より遅いんだよなぁ」という方は知らないうちに背骨に中心軸を作った後ろ重心の歩き方になってしまっていて、後ろ足の踵に重心が残っているのかもしれません。

◉キプチョゲ選手は歩く時もカラダの重心真下に着地している

ランニングで速く走るのに大切なのはカラダの重心真下近くに着地することです。しかし多くの人は重心より前方に着地します。そして歩く時はさらに前方に着地しがちなのです。しかしキプチョゲ選手は歩く時も走る時も着地するのはほぼカラダの真下。それは胸や骨盤が前に出ているからです。「競技者と一般人の走および歩動作の特徴」(体育学研究2008)という研究があります。競技者とはオリンピック代表選手3名を含む短距離および跳躍競技者男子9名、一般人は大学生11名。競技者は走行時だけでなく歩いている時にも支持脚の股関節はほぼ伸び続けて曲がる局面がなかったのに対し、一般人は速歩、ジョギングにおいて股関節に曲がる局面が生じていたとあります。これは競技者は歩行時においてもほぼカラダの重心真下に着地していて、一般人はカラダの重心より前方に踵から着地していることを示しています。このことはケニア人長距離選手の走行時の股関節の使い方にも相通じるところがあります。一方、日本人選手は支持脚期に股関節の伸ばす動作と曲げる動作を同じ時期にやっているのに対して、ケニア人選手は着地させている支持脚期の局面で股関節をグイッと伸ばすのみに使っているという研究報告があります。とにかく速く走りたい、速く歩きたい場合は真下着地を意識しましょう。

さらに考察しましょう。競技者、一般人ともに膝関節は走行時、歩行時に曲がりましたが、その度合いは競技者のほうが小さかったという報告です。つまり一般人は重心より前方に踵から着地しているために、一旦股関節と膝関節を折り曲げてクッションのように沈んでからまた伸ばして蹴り出して進んでいるのです。

◉フォアフットウォーキングのすすめ

キプチョゲ選手は走る時にフォアフット（前足部）着地ですが、歩く時もやはり前足部から接地しています。まさにキプチョゲ選手は歩く動作から走る動作が繋がっているのです。さすが世界一のマラソンランナーといってしまえばそれまでですが、我々凡人も歩くだけならゆっくりと動作を確認しつつ真似できます。私も早速フォアフット着地で歩いてみました。最初は違和感があったのですが、慣れると、フォアフットですいすいと歩けるようになります。前足部が接地した後に踵は軽くつけますが、踵で地面に押し込むような意識は必要ありません。地面をつま先で蹴り出して膝を伸ばすような感覚もありません。足はどんどん前に回す感覚です。人より確実に速く歩けます。

気をつける点として、フォアフットで歩こうとする時に骨盤が後傾してはいけません。お尻が落ちているといくらがんばってもフォアフットにはなりません。私は2018年の第38回つくばマラソンでフォアフット走法で完走、自己ベストタイムを更新しましたが、歩く時もキプチョゲ選手の動作を真似て、フォアフットのイメージを刷り込んだ部分も大きかったと思います。皆さんも歩くのは走るのと違うと分けて考えずに、柔軟な考え方を持って走る前のイメージ作りにフォアフットウォーキングを試してみてはいかがでしょうか。

第6章

大転子ウォーキングで街に繰り出そう！

◉ウォーキングがダイエットに効果があるという罠

歩くことは足のポンピング作用で血行を促進することにより癌、高血圧、糖尿病、うつ病、高脂血症、骨粗鬆症の予防、肩凝りや腰痛などカラダの痛みや違和感の軽減、予防、ストレス解消、リラックス効果など数えきれない健康増進のメリットがあると言ってよいでしょう。ウォーキングは心身の健康を保つにはとても有意義な運動です。ところが、こんなに効果があると書きながら、誰もが頭の中で思っている効果で、いまひとつウォーキングには胸を張って言えないものがあるのです。それはダイエット。ウォーキングは厳密には痩せる効果が認められているとは言い難いのです。

食事制限をしなければウォーキングだけではまず痩せられません。平たく言うとダイエットに大切なのは食事制限だけです。ダイエットによる体重管理には食事制限が最も重要な要素となります。肥満に対して、ウォーキング以外でも筋トレ、ジョギングも含めて運動は残念ながら一番の決め手、切り札にはなり得ません。多くの運動系ダイエット法はそこらへんを曖昧にしています。実際、私が見かける公園の顔見知りのお散歩の老若男女をこの数年拝見していて目に見えて痩せたと感じる人はひとりとしていない印象です。それどころか太っていっている人のほうが多いかもしれません。

■主な食事の摂取カロリー（概算／1時間のウォーキング消費カロリー190kcalに対して）

とんかつ定食	920kcal
牛丼（並盛り）	680kcal
カツ丼	1020kcal
天丼	900kcal
ミックスピザ	730kcal
あんかけ焼きそば	850kcal
カルボナーラ	900kcal
オムライス	850kcal

チャーハン	750kcal
照り焼きバーガー	480kcal
ポテトチップス（1袋80g）	440kcal
フライドポテト（Mサイズ）	460kcal
チョコレートパフェ	560kcal

「え〜〜〜っ!!」

と思わずこの本を投げ出しそうになったあなた、ご安心ください。歩くだけでは痩せるのは難しいですが、食事制限だけで痩せるのもキツイのです。そのふたつを組み合わせることによって、生活にメリハリができてライフスタイルを見つめ直すことができるようになります。ウォーキングする時間を生活の一部に組み込むことでメリハリができるのです。歩かない生活は、近い将来に必ず歩けない生活になります。まずは歩く動機を見つけて人生を彩りあるものにしていきましょう。

◉つきやすく落ちやすい内臓脂肪を燃やそう！

ダイエットの根本原則は、1日の総消費カロリーが1日の総摂取カロリーを上回ることです。体重60kgの人が1日に1時間、普通のスピード（時速4km＝3・0メッツ）で歩いた時に消費できるカロリーは、約190キロカロリーといわれています（厚生労働省『日本人の栄養所要量』内、消費カロリー（キロカロリー）＝メッツ×運動時間（時間）×体重（kg）×1・05の計算式より）。

それに対して主な食事のカロリー数を前ページで表にまとめてみました。

どうでしょうか？

単純に比較し、食事で摂取するカロリーに比べたら、ウォーキングの消費カロリーはあまりに低いのです。これだったら、食べる量を少しでも減らしたほうが効果があることは一目瞭然です。

ダイエットは、ストレートに言ってしまうと、食環境の変化で成し遂げるものです。ウォーキングは要する時間のわりに、痩せるのに非効率と言わざるを得ないのです。残念ながらウォーキングは補助効果はあっても、ダイエットの主軸にはなり得ません。

「この後、歩くからカツ丼食べても大丈夫だよね！」

「今日はずいぶん歩いたから、ご褒美にスイーツを……」

この自分への優しさは、仇となりかねないということです。

しかし食事制限をして「お腹すいたな〜、お腹すいたな〜」と動かずに1日を過ごすことは、そのことばかりを頭で考えてしまって気が滅入りませんか？私は何もしないで悶々としているより、ランニングや散歩に出掛けると意外とその間、そして後もあまり空腹を感じずにいられます。

実際、運動には空腹を紛らす効果が実証されています。

食欲は胃が空っぽになって起こるものだと思われていますが、実はそうではありません。血中の糖分（血糖値）が減少していることを脳が察知し、〝エネルギー不足〟の状態を補おうとして出す命令が「食欲」と呼ばれるものなのです。

しかし運動をすると交感神経が刺激され、腎臓近くにある副腎髄質からアドレナリン、ノルアドレナリンが分泌されることにより、肝臓に蓄積されているグリコーゲンがブドウ糖に分解促進されて糖が血液中に放出されます。つまり血糖値が上がり、脳は食欲中枢から空腹信号を出さなくなります。また運動は胃腸から分泌される食欲刺激ホルモンを減らし、食欲抑制ホルモンを増やすことが英ラフバラー大学の研究でわかりました。じっと机に座りながら、もしくは夜に布団の中で「お腹すいた……、お腹すいた……」と耐え忍ぶよりカラダを動かしたほうが精神的にも肉体的にも楽なのです。

食事制限がダイエットにおける我慢の「静」であるならば、運動は攻めの「動」とでも言いましょうか。よく動いて食事制限をすれば、さらにダイエット効果が期待できます。

その中でも一番ハードルが低く始めやすいのがウォーキングです。他のスポーツと違って始めるにあたって専用のウエアやシューズ、用具などをわざわざ買い足すほどでもないので、コストパフォーマンスにも優れています。そして普段から簡単に生活の中に取り入れやすいですよね。

ウォーキングを取り入れたダイエットでとくに攻めたいのが、お腹の脂肪、内臓脂肪というヤツです。皮膚の下にある皮下脂肪はなかなか落ちませんが、この内臓脂肪はつきやすく落ちやすいという特徴があります。簡単に言うと一番先に引っ込むのはお腹なのです。お腹周りのタイヤを外しましょう。

日本におけるメタボリックシンドロームの診断基準（厚生労働省、２００５年）によると、腹囲（へそ周り、ウエストサイズ）で男性は85㎝、女性では90㎝以上が内臓脂肪が蓄えられた「内臓脂肪型肥満」だとされています。まずはこれを先にヤッつけちゃいましょう。

お腹周りが痩せてくると、さらなるダイエットの励みになりますよね。「ちょっと、最近痩せてきたんじゃない？」なんて言われたら嬉しいですよね。

「よし、ここまできたら夜9時以降には食べるのはやめておこう。そしたらもっと痩せるかも！」と気持ちも前向きになることでしょう。

ちなみに最近流行の糖質制限ダイエット。全面的に賛成とは言えませんが、極端な糖質の制限でなければカロリーのコントロールがやりやすいと言えます。まず食べるものを分別しやすい。白モノ、つまり白いご飯、うどん、そば、パン、パスタなどは避けるといった線引きがしやすいです。そして糖質は保水力があり、体内から減るとカラダから水分が抜けます。数日で2～3kgは軽く減ります。糖質は体内に入って余分なものは肝臓で脂肪と変換されて蓄積されます。

単純に言うと食べ過ぎを控えましょうということ。そして食べるものの質を重視するということです。脂こってりのもの、甘いものを控えましょう。それだけで体重はかなり減ります。ただし、この本の目指すところはあくまで「重力を感じて幸せに歩こう」であり、「数字からの脱却、時間からの脱却」を掲げています。カロリー計算からも脱却です。なので、皮下脂肪まで落とすかどうかは、ご本人の考え方次第です。

恰幅のいい男性を好きな女性はたくさんいます。ふくよかな女性が大好きな男性も大勢います。

そもそも病的な肥満を除けば、脳が「コイツはこれくらい肉がついていても行動できる頑丈な骨を持っているのだ」と判断しているからこそ、カラダに肉をつけているのです。

ダイエットの目標はとりあえず内臓脂肪を減らす程度に留めておいて、よく動き、歩いて、美味しいものをよく食べ、そして気持ちのよいお通じを……といった「淀んだ流れのないカラダづくり」を目指すのもよいと思います。

◉大転子ウォーキングで足はスラリと細くなる！

「日本人の足が太いのは、農耕民族だからしょうがない」

日本人の足が太い理由について、そう変な説明をされることがあります。農業人口の比率、食料自給率の観点からも欧米のほうが間違いなく農耕民族ですが、骨盤を動かせていない足だけのウォーキングも日本人がそう形容される原因のひとつだと思います。

骨盤を使わないペタペタ歩きのペンギンウォークでも、若い時は足の筋力があるためにごまかしが利きます。ペンギンウォークは言うなれば、足に無駄な力が入った歩き方です。そのため、大腿部やふくらはぎに余計な筋肉がついて、太い足になる傾向があるのです。

大転子ウォーキングにすると、体重が片足ずつ骨盤の上にしっかり乗るようになります。一番体重が乗る場面では膝がまっすぐになり、骨で体重を支えるので筋肉はさほど使わなくて済むのです。

ペンギンウォークは大腿四頭筋とふくらはぎの腓腹筋が発達します。対して大転子ウォーキングはどこの筋肉を使うようになるのでしょうか？

そうです、お尻です。大転子ウォーキングでは足の筋肉ではなく、その上にあるお尻の筋肉、大臀筋や中臀筋が使われ始めます。

日頃、ペソッとしたタレ尻に悩んでいる方は多いと思います。パンツやスカートを穿いてもお尻の盛り上がりがないので、情けなく映ってしまいます。大転子ウォーキングでお尻の筋肉が使われるようになるとお尻がプリプリし始めて、とくにお尻の上側の筋肉が発達し、ピッチリしたパンツが似合うようになります。足も健康的にスラリと細くなり、ミニスカートでもスタイルがよく見えます。

大学の駅伝で活躍している女子選手や実業団の長距離の女子選手を見ていただければ、彼女たちの足がものすごく細いのがわかってもらえると思います。走り込むと筋肉がつきまくるというのは単なる思い込みです。彼女たちは皆、骨盤を動かして走っていますから、無駄なお肉は一切、足についていません。以前、彼女たちが普段着で歩いているのを見たのですが全員、筋骨隆々どころか、そこらへんの女性よりも足が細かったです。

大転子ウォーキングになれば、歩幅が広くなって姿勢がシャンとして、ポッコリお腹も引っ込んで美しく歩けるようになります。ペンギンウォークのままで歩いていてはお尻は一生タレ下がったままになります。大転子ウォーキングで、美しいスタイルと歩き方を手に入れましょう。

◉下半身太りは大転子のせい？女性心理をついた変な広告に惑わされるな！

女性は赤ちゃんを産むために男性より骨盤が横に平たく発達しています。

しかし、ほっそりとしたスタイルに憧れるのも女性の心理。スラリとしたパンツやスカートを穿こうと思っても、ウエストはゆるゆるなのに骨盤のあたりで引っ掛かってしまう。ありがちです。そこに目をつけた美容広告は、こう宣伝しています。

「下半身太りを解消できないのは、もしかして大転子が出てることが原因!?」

広告によると、大転子をグッと押し込むことでお尻や太腿のサイズダウンが達成されるようです。

ある広告では、その効果をこう説明していました（【図－39】）。「大転子を元のところに収めて、歪みを正しい位置に戻さないと大変ですよ！」

しかし、この図は股関節が……脱臼してますよね？　パンツを穿く以前に歩けないと思うのですが、どうでしょうか?広告にはこんな文言もつけ加えられています。

「股の付け根の両サイドの骨が出っ張っていたら、それは大転子が出ている証拠です。この「大転子」を引き締めることで、即効性のある足痩せ効果に繋がるのです!大転子が出てしまっているとお尻が大きくなってしまうのはもちろんのこと、それに伴って太腿も太くなってしまいます。大転子を元の位置に収めて歪みを正しい位置に戻さないと大変！

大転子をほっとくと脂肪がつきやすくなってしまうのです」

そのために小尻のサポーターやゴムバンドなどが売られています。整体で治せると宣伝している例もあります。

大転子をもとのところに収めて、歪みを正しい位置に戻さないと大変ですよ！
【図－39】

これは整体師に大転子の出っ張りを治してもらったという人のお礼の文面なんですが……、

「帰り道ですでにお尻の幅が変わったのが自分でもわかりました。大転子が中側に入ったような感覚です。明朝起きてみてびっくり。明らかにシルエットが細くなっていました。腰から下がボコボコと出っ張りばかりだったのに、気がつけば、骨盤も大転子もすごく収まってます。ありがとうございます」

一体、どこに骨盤が収まるのでしょうか?このような大転子を押し込むO脚に効果的なストレッチ体操というものもあるそうです。こういう医学的におかしい広告やお店をなぜ業界の方々はほったらかしにしているのでしょうか。自浄作用はないのでしょうか。

そもそも大転子は、男性も女性も骨盤より外側に出っ張っているものなのです。押し込めるものではありません。よく考えると股関節が脱臼していれば、激痛で簡単に押し込むことができないことはわかりそうなものですが、美への探求は果てしないですからね、オレオレ詐欺と同様あっさり引っ掛かってしまうものなのでしょう。

残念ながら骨盤のサイズ、股関節の位置、大転子の角度などは成長期を過ぎると変わりません。股関節の筋群はある程度ストレッチなどで自由が利くようになりますが、それで大転子の出っ張りが引っ込むわけではありません。それより大転子を意識したウォーキングでより女性らしい歩き方を身につけましょう。骨盤が動かないトボトボとした歩きのほうが後ろから見ていても不恰好でみっともないと思いませんか?

ちなみに女性は男性に比べ股関節がゆるく周囲の筋力も弱いこと、また骨盤が横に広いのでカラダの中心線から股関節が遠くなることにより、中高年になってから変形性股関節症を発症する危険性があります。この病気を発症する人は生まれつき股関節のソケット部分が浅く、子供の頃からある程度、診断ができることが多いのです。

これらは当たり前ですがゴムバンドやストレッチなどでは治りません。ウォーキング自体は健康のために推奨されるものですが、残念ながら跛行《はこう》（異常歩行）による長時間のウォーキングが股関節痛の症状を悪化させる可能性が高いのです。これもまた8000歩や1万歩という数字だけ追いかけたウォーキングを盲目的にやることを勧めない理由です。体重コントロールを含めて、医師の診断を仰ぎましょう。

◉O脚の人はここを鍛えよう

変形性股関節症にも触れたので、もうひとつ悩ましい病気について触れておきましょう。

氷をテーブルなどに転がすと溶け出してツルツル滑りますよね。人間の膝の軟骨は氷以上にツルツルです。あらゆる工業製品より摩擦係数が低いといわれています。その軟骨が老化、または使い過ぎなどによって歩行時に痛み出す「変形性膝関節症」という病気があります。

50歳以上で700万人。これはレントゲンを受けてそう診断された方で、潜在的には日本国内に2000万人以上の患者さんがいるとされています。日本の人口が1億2000

万人といわれていますから、実にその6分の1がかかっているというとてつもない病気です。いや、もう病気というよりは加齢の現象のひとつといっていいのかもしれません。

変形性股関節症と同じで女性に多いですが、こちらは生まれつきの診断はつきません。誰でもなり得る病気です。その主な原因になるのがO脚です。O脚は実は内股になっていることが多いのです。

人間の膝は内側に荷重される割合が高く、大体6：4の割合で内側に体重が掛かっています。内側の軟骨が磨り減るとO脚になります。O脚になるとさらに内側の軟骨に7：3くらいに荷重が増えてしまいます。そうすると段々痛みが出てきます。痛いから内側に体重を掛けずに歩くと、O脚が助長されるような歩き方になるという悪循環で変形が進んでいきます。最悪の場合は関節の軟骨が消失、軟骨下骨が露出して手術を受けなければならなくなります。

グルコサミンやヒアルロン酸、コンドロイチンなどのサプリメントを飲んでいる人もいるでしょう。しかし、一度損傷した軟骨はそれらを飲んでも再生されることはありません。

そんなことよりもお勧めしたいのは筋トレです。歩くことによって筋肉もある程度はつきますが、何か弱い部分がある場合は補強してからウォーキングを始めるとよいかもしれません。膝の場合は何といっても大腿四頭筋のひとつ、内側広筋《ないそくこうきん》の筋トレがお勧めです。

この筋肉を鍛えれば、膝の痛みはかなり軽減されます。スクワットなどの筋トレは筋肉を鍛えるのと同時に膝関節も動かしてしまい、痛みを増す可能性があります。「アイソメトリクス」という関節を動かさないで鍛える方法を紹介しましょう。

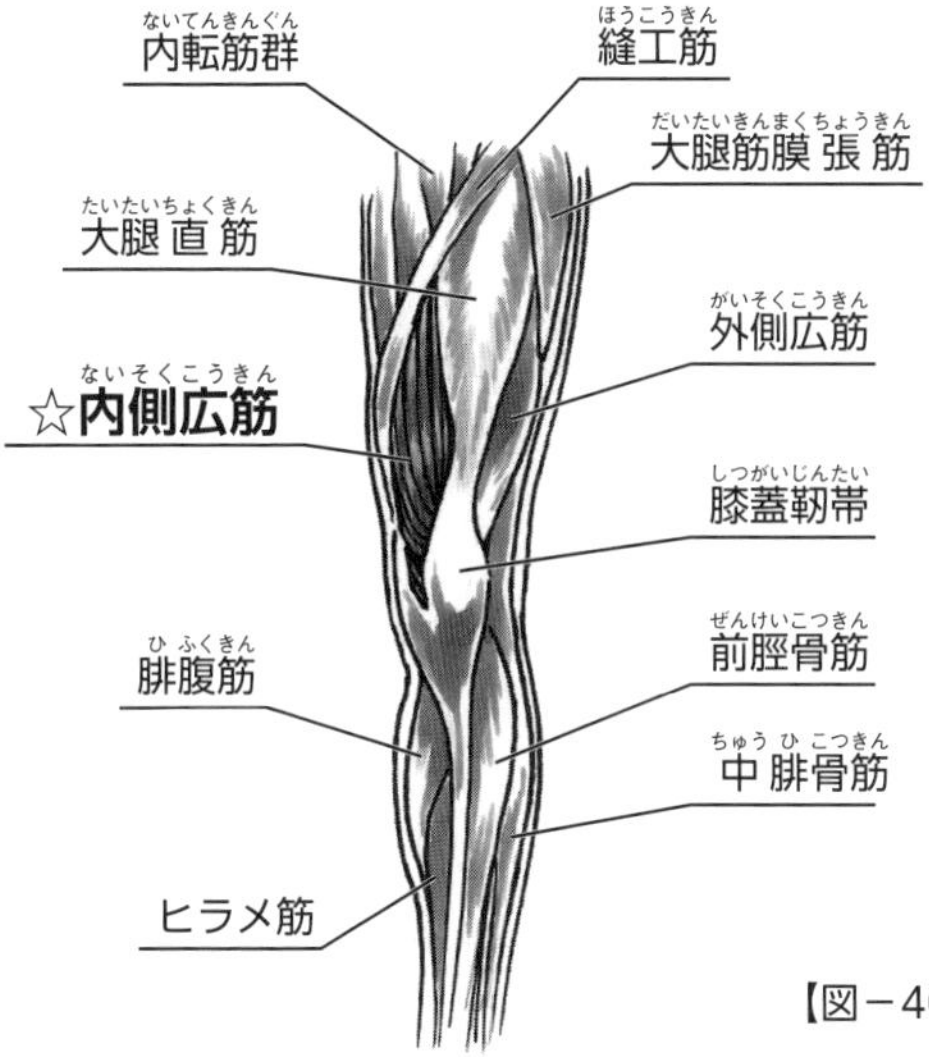

【図－40】

―大腿内側広筋《だいたいないそくこうきん》の鍛え方―

椅子に座って片方の足をゆっくりと水平に上げます。その時、脳に意識させるために手で内側広筋（【図－40】）を触り、硬くなり膨らんでいること（パンプアップ）を確認してください。膝を水平に伸ばして行うのが重要で、膝が曲がっていては硬くなりません。ある程度やってみて負荷が弱いと感じたら、サンドダンベルを足に巻いてもよいでしょう。また、公共のスポーツセンターなどのジムにあるレッグエクステンションマシンで代替動作をやるのもお勧めです。いずれも膝を動かすことに主眼を置くより、膝をまっすぐにした時の内側広筋のパンプアップを意識してください。負荷によりますが、膝をまっすぐにした状態でパンプアップを20秒＋休憩10秒＝計30秒の動作を5回やってください。両膝で

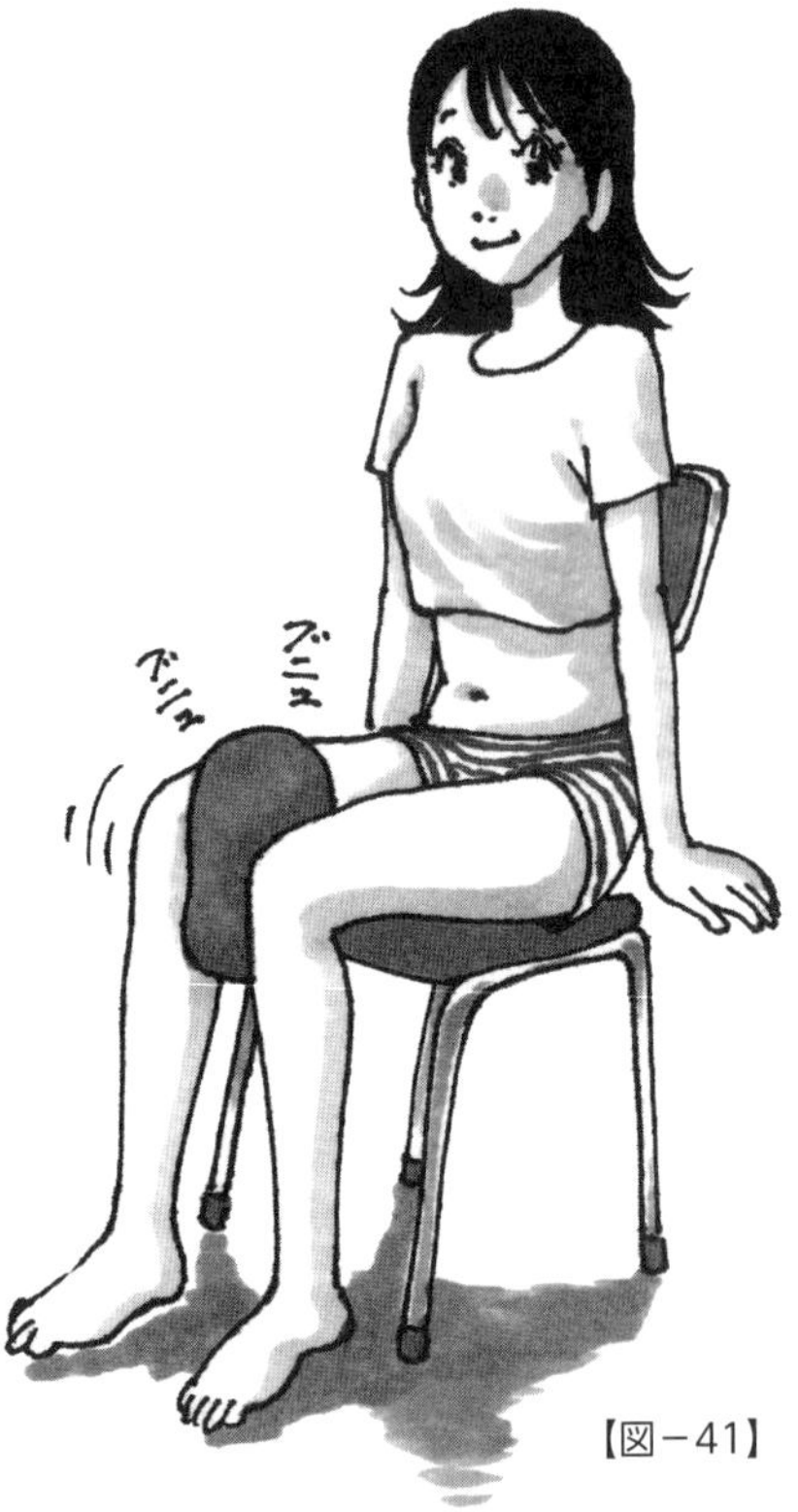

【図－41】

5分で終わります。時短を考えるならば両足一緒にやっても構いません。

――内転筋の鍛え方――

次に太腿の内側にある内転筋を鍛えます。O脚の人は歩行時、または階段など段差を上がる時に、外側に膝が揺れてしまうことが多いのです。

カラダのラインよりやや後ろに上げると中臀筋に一番効きます。また、膝やつま先はやや下に向けます。
前に上げちゃうと大腿筋膜張筋に優位に効いてしまいます。

【図－42】

そこで内転筋を鍛えて膝関節のストレスを減少させることができます。椅子に座ってゴムボール（100円ショップに売っています）を両膝のあいだに挟みます。丸めたバスタオルでも可能です。

それらを潰すように両膝を近づけます。潰した状態20秒＋休憩10秒＝計30秒の動作を6回繰り返してください（【図－41】）。

――中臀筋の鍛え方――

歩行時にバランスを保ってくれる筋肉として挙げたいのが中臀筋です。登山道などでこぼこした道を歩く時にとても大切な筋肉です。お尻のプリッとしたラインにも関わってくる筋肉でここを鍛えるととてもお尻の形がよくなります。または階段など段差を上がる時に内側に膝が倒れこんでしまう方は中臀筋が弱いことが多いのです。

この場合は横に寝て足を上げる動作で鍛えることができます（【前ページ図－42】）。

下にある足の膝はやや曲げて、上にある足は腰より後ろの位置にあるように上げてください。

上げた状態20秒＋休憩10秒＝計30秒の動作を4回やってください。

◉片足立ちは二度美味しい！

これまで紹介してきた筋トレはリハビリを主眼としたアイソメトリクス（静的）トレーニングです。

第1章で、座ったり寝たりして取り組む筋トレは重力を感じられず効果が上がりにくいという研究があることはすでに述べました。

しかし、スクワットやウォーキングは筋肉を動かすのと同時に膝関節や股関節も稼働してしまうので、変形関節痛の痛みが出ている人にはお勧めできません。

その場合、片足立ちのトレーニングをお勧めします（【図－43】）。

立つほうの足はまっすぐに伸ばし、上げるほうの足もまっすぐにして30度ほど前に上げます。片足立ち20秒＋休憩10秒で足を替えて6回ほど繰り返します。

痛みがなく余裕がある場合、支持脚側の太腿を上げている足のほうの太腿と並行になるあたりまで曲げて、そこからまたまっすぐにする動作を入れます。これはゆっくりとやってください。お尻の筋肉からつま先の筋肉まであらゆる足の筋肉が鍛えられます。

また大切なのがバランス感覚。片足立ちはこれが自然に鍛えられます。最初は足首あたりの筋肉を一所懸命クネクネ動かしてバランスを取ろうとしてしまうと思いますが、徐々に慣れてきます。バランス面に不安があるなら、最初は壁や椅子に手で掴まってやるのもいいでしょう。これらの体操は変形性膝関節症に限らず健康な方でもやって損はありません。いつまでも歩ける足の健康のためにぜひ習慣化しましょう。

【図－43】

◉ウォーキングでストレス解消！

「最近よく眠れなくてさ〜」という人ほど、メリハリのない生活をしているものです。夜眠れないから昼間も眠い。うたた寝をしたり、ボーッとしたりして、それでも起きていようとコーヒーをがぶ飲みして、カフェインを大量摂取。無理をして余計ストレスを溜めてしまいます。そうなると悪循環。昼夜のサイクルと体内時計のリズムがどんどん合わなくなり、その結果、さらに夜眠れなくなってしまいます。

人間の体内時計は朝に太陽の光を浴びることによって、活動期に入ります。

グズグズとベッドで寝ていないで、少し早く起き出して陽射しを浴びながら散歩をしてみるのはいかがでしょう。脳とカラダを覚醒させて1日のヤル気を引き出してくれる以外にも、朝の太陽には体内時計のズレをリセットする働きがあります。私たちのカラダの中にある体内時計は、1日24時間の地球の自転より1時間ほど長いのです。私たちはその誤差を、太陽の光を浴びることで毎朝修正しています。とはいえ、何も1時間も陽射しを浴びる必要はありません。10分程度で充分なのです。朝の太陽スイッチで体内パソコンが起動します。ランニングでも朝派と夜派に分かれます。朝派のランナーは早寝早起きが習慣となっていて、もう朝でないと走れないようです。

目の網膜の視細胞には、色を感じる錐体《すいたい》細胞と、明るさと暗さを認識している桿体《かんたい》細胞があります。脳は朝の太陽の光を網膜で明暗の刺激信号として受け取り、セロトニン神経系をしっかりと活性化させます。副交感神経優位で休息モードだった脳から、昼間の交感神経優位の活動モードの脳へと、スムーズに移行させていきます。

その時、セロトニンが活性化されていないと、自律神経が整わず、体調を崩したり、体内時計が狂ったりします。実際、体内のセロトニン不足が原因でうつ病になった、という報告は数多くあります。脳への様々な強いストレスが長く続くとうつ状態に陥ります。北欧の国々などでは、精神的な不調を訴える人やうつ病になる人が多いのは、冬の間の太陽の日照時間が短いためともいわれています。

一方、自然な眠りを誘う作用がある「睡眠ホルモン」と呼ばれるメラトニンには、太陽光が朝、目に入ってから13~15時間後に分泌が始まるという性質があります。

この分泌されたメラトニンが、眠気となって現れます。

例えばお昼の12時頃にごそごそ起き出したらメラトニンの分泌は午前3時になってしまうかもしれないのです。夜のメラトニンの合成・分泌も朝の太陽をかっちりと浴びることが重要なのです。また、メラトニンには抗酸化作用があり、免疫力を高めたり、肌を若々しく保ったりしてくれます。朝の太陽は美容にも効果があるのです。

ウォーキングしながら心地よい朝の空気をカラダに取り込むのも、リラックス効果大です。例えば夏場の日中は散歩するのが危険なほど気温が上昇しますが、早朝ならそこまで暑くなく陽射しもまだ弱いです。

早起きは三文の徳といわれます。朝にウォーキングをすれば勉強や仕事に対する集中力が増し、能率がアップします。自律神経も整えられてダイエット効果も大きくしてくれます。自律神経が整うと、発汗しやすくなり、体温調整も正常になっていきます。その結果、夜にベッドに入るとぐっすり眠ることができるようになるのです。

「朝はどうしても苦手でさ～。カラダも動かないし、1分でも長く寝ていたいよ」

確かにそういう人はたくさんいます。私も夜更かし上等のマンガ家だった時期もありますので、わからないでもありません。朝早く起きるのがストレスになってしまうのならがんばる必要はありません。メリットよりデメリットが大きくなってしまっては元も子もありませんから。

その場合は、仕事終わりに夕方、もしくは夜の散歩に出るのもよいと思います。夕方は脂肪燃焼の効率が一番上がる時間といわれています。また日が暮れて夜の帳が下りてから街の灯を見ながらする散歩も、仕事で疲れた脳をゆっくりスリープモードに導く、よい気分転換になるかもしれません。歩きながらその日にあった出来事を振り返ってみるのもいいでしょうし、逆に頭の中をカラにして何も考えずに歩くこともストレス解消になるでしょう。

ただし、夜の散歩中にまで歩きスマホをするのはやめましょう。周囲への注意が散漫になり危ないです。SNSのタイムラインを覗いたりメッセージのやり取りはひと休みして散歩を楽しみましょう。現代社会ではスマホにハマってしまい朝から晩までいじっている人が山ほどいますが、それこそメリハリのない生活になってしまいます。

◉歴史を感じる街道を歩き、史跡や名所を訪ねよう

私は生まれてからずっと東京に住んでいます。

今でこそテレビでもタレントさんが散歩して町を紹介する番組がたくさんありますが、ずっとマンガを描き続けてきたというのもあり、若い頃は散歩をわざわざする意味がわかりませんでした。

しかし、足の骨折を経験してから、太陽の下で風を感じて歩くことの喜びを知り、散歩の楽しさに目覚めました。

その後、インターネットで散歩サークルの存在を知り、参加するようになりました。浅草や上野、銀座やお台場から始まって、秩父、川越、横浜、鎌倉など色々なところを見て

回りました。東海道、中仙道、日光街道、甲州街道、鎌倉街道、大山街道……。由緒ある街道にはその歴史を紹介する案内板が立てられていることも多く、神社仏閣、史跡などを訪ねると歴史の勉強ができるところがたくさんあります。

文豪の住居跡や文学作品の舞台になった場所を回るのもいいでしょうし、古墳などを訪ねて古代に思いを馳せるのもいいと思います。

新潟や福岡、神戸や京都、奈良など旅行先で観光名所を歩いて回るのも楽しいものです。定番の四国八十八ヶ所霊場巡りや熊野古道を何回かに分けて完歩を目指すのもおもしろいと思います。

ＮＨＫの大河ドラマにゆかりのある土地を回るのもいいでしょう。ドラマやアニメの聖地巡りも楽しそうです。

私が東京でよく参加するお散歩サークルは朝10時くらいから夕方17時まで昼食をはさんでずっと歩き続けるのですが、１日の総歩行距離は15㎞以上にも及んだりします。それもわざと坂道の多い地形を好んで歩くのです。皆さんとにかく元気です。それはおそらく好奇心旺盛で周囲のものに興味があるからだと思います。私より高齢の方でもしゃきしゃきと歩き回り、興味があるものを写真に収めています。人によって興味の対象は違います。建物だったり橋だったり、電柱だったりポスターだったり暗渠だったりマンホールだったったり。私は途中で足裏が痛くなってゲンナリすることもあるのですが「ここでギブアップしてはマラソンランナーとして名がすたる!」と無駄なプライドを持ってひぃこら歩き通しています。ようやくゴールの駅に着いたとホッとするのですが、彼らは元気に「これから打ち上げで〜す!」と夜の街に消えていきます。もうかないません。

タクシーの運転手は、一般の人よりも記憶を司る脳の海馬が発達しているそうです。あらゆる道を記憶する能力と、そこから近道や混雑していないルートを導き出すナビゲーション能力が運転歴に応じて海馬を鍛え上げたと考えられているのです。アルツハイマー型の認知症は、海馬の縮小によって引き起こされます。スマホの道案内だけに頼らず、東西南北を気にしながら、知らない道を歩いて刺激を受けることは脳にもよいのです。

◉季節の花や水辺や里山の自然を感じよう

海岸沿いの道や川沿いの土手道や緑道、池や湖畔を歩くのも気持ちがよいものです。砂浜を裸足で歩くのもいいですよね。四季折々、道沿いに咲いている花も違います。

桜や梅、バラ、チューリップなどの開花時期に訪れるのもお勧めです。

普段は足元を見て歩いていますが、野鳥の観察会の散歩に参加した時は上ばかり見ていたので、首が少し疲れました。都会の公園にも驚くほど様々な鳥がいます。逃げ出して野生化したインコが意外とたくさんいるのには驚きました。ノスリという鷹の仲間がカラスと闘う姿も見られました。

カエルや水中昆虫も好きなので、田んぼのあぜ道や沼地に探しに行くこともあります。

本格的な登山は服装や装備も含めてハードルが上がりますが、ミシュランで三ツ星を獲得した東京の高尾山なんて登山ウエアでいるのが恥ずかしくなるくらい、普段着で登っている人が多いです。

整備された里山の道をのんびりと歩いて目にまぶしいほどの緑や自然を楽しむのもいいでしょう。アップダウンのある道は自然に心肺機能を向上させますし、バランス感覚や足の筋力も街中の平坦な道とは比べものにならないほど鍛えられます。山の集落に住んでいるお年寄りの足腰は元気だし、お肌もツルツルなことがとても多いです。

高尾山には野生のニホンザルやムササビ、ヘビなど多くの動物が生息しています。御岳山など山岳信仰のある山も心が洗われます。神奈川県の丹沢山系は太平洋や富士山もよく見えるし、シカにもよく逢えます。登頂して達成感に浸りながら、持ってきたお弁当を広げておにぎりをほおばるのもいいでしょう。茶屋で食べる山菜をあしらったお蕎麦や、夏場でしたらカキ氷などをいただくのも趣があると思います。

環境省が計画して、国や各都道府県が整備している長距離自然歩道というものがあります。関東ふれあいの道や、東海自然歩道という看板を見かけた方もいるかもしれませんね。また、建設省が制定した「日本の道百選」というものもあります。その完歩を目指すのも一興かもしれません。

◉不動産広告の「駅から徒歩○分」に挑戦しよう

史跡巡りやお店巡りには興味がないけれど、健康増進のウォーキングは楽しみたい。そのような方は公園や河川敷などで早歩きを意識してみてはいかがでしょうか。

例えば不動産情報によくある「駅から徒歩10分」という広告。よく「そんな速く歩けないよ、もっと時間掛かるよ。絶対ウソだよな〜」と揶揄されるアレです。

実はこの「徒歩○分」という表示には、不動産公正取引協議会連合会が定めた明確な基準があるのです。その基準とは、「道路距離80mにつき1分間を要するものとして算出した数値を表示すること」だそうです。

ちなみにこれはハイヒールを履いた女性が歩いて測った歩行スピードだそうで、5分で400m、10分で800m、時速に換算すると4・8㎞にあたります。時速4・8㎞といえば、第4章で紹介した「早歩きの人の方が長生きする」という研究結果に、同じ数字が出ていましたよね。

■「駅から○分」の不動産広告に負けるな！
早歩きの基準である時速 4.8㎞の簡易換算表

10m	7.5秒
50m	38秒
100m	75秒（＝1分15秒）
200m	2分30秒
400m	5分
800m	10分

1000m	12分30秒
1200m	15分
1600m	20分
2000m	25分
3000m	37分30秒
4000m	50分

その研究では時速4・8㎞のやや早歩きで歩くことができる人は、ゆっくり歩く人に比べて約3倍も癌や糖尿病、心臓疾患や脳疾患などの大きな病気になりにくく、認知障害もなく健康寿命率が高かったという結果が出ていました。医学的に「長生きができる」と太鼓判を押されているのですから、この速度を目指さない手はありません。

まずは自分がどのくらいの歩行スピードなのか確認してみましょう。

歩行スピードは、日頃歩いているウォーキングコースの所要時間を測り、距離をインターネットの地図などで調べることで計算できます。距離が掲げてある公園のウォーキングコースなどは、さらにわかりやすいでしょう。

スマホのGPS機能を使えば簡単にできますが、距離がわかる場所で上に載せた換算表を使ってスマホやストップウォッチで確認するのもよろしいかと思います。ストップウォッチは100円ショップで簡単に買えます。さぁ、あなたも今日からさっそくチャレンジしましょう！

◉ライフスタイルの見直しで健康長寿を目指せ！

平均寿命のうち、介護を受けたり寝たきりになったりせず健康に日常生活を送ることができる期間を示す年数（時間、期間など）を健康寿命といいます。

２０１４年に厚生労働省が公表した日本人の男性の健康寿命は71・19歳、平均寿命は80・21歳です。女性はそれぞれ74・21歳、86・61歳です。つまり、男女とも亡くなるまでの約10年間は障害を抱えるということなのです。

これは恐ろしい数字です。障害とは何を指すのでしょうか。

厚生労働省の平成16年度の国民生活基礎調査では要支援となる原因は1位＝高齢による衰弱、2位＝関節疾患、3位＝脳卒中でした。しかし平成25年度では1位＝関節疾患、2位＝高齢による衰弱、3位＝骨折・転倒と、足腰の弱体化による要因が増加しています。

沖縄県といえば健康によい伝統食があり、長寿の方が多い県というイメージがあると思いますが、２０１３年の統計では47都道府県の中で女性は平均寿命は3位と健闘しているものの、男性は30位でした。健康寿命が占める割合は、全国47都道府県の中で沖縄は男性90・4％で47位、女性は83・7％で46位と全国最下位であることがわかりました。沖縄県は長生きしても障害を持つ期間が長いことを示しています。また沖縄の男女とも中性脂肪値が全国最悪というデータもあります。沖縄の高齢者の健康は深刻な状態なのです。

これについて沖縄の知人に聞くと「食生活云々より沖縄はクルマ社会なんだよ。ずっと座って動かないのと同じだよね。歩かない人が多過ぎるよ」と話していました。考えると思い当たる節があります。地方のほうが大都会より空気がキレイで、その土地の新鮮な食事がとれるので長生きできそうですが、概して地方はクルマ社会ですよね。私の周りの高齢の親戚、知人の中で足腰が立たなくなって歩けなくなり、心臓に疾患を抱えたりする夫婦は大抵クルマに乗っているのです。クルマは便利ですが、ドア・トゥ・ドアでほぼ歩かずというライフスタイルになりがちです。

私の知り合いで言うと、免許を持たず、家からてくてく歩いてバス停に向かいバスに乗り、駅に向かっては階段を使って電車に乗る、そのように日々、日常的に歩く習慣がある高齢の夫婦の多くはいまだに足腰も丈夫で元気なのです。またそのような方は毎日、何かしら用事を作って外出するのが好きなのです。

彼らは目立った運動をしているわけではありません。彼らは自分が1日どれだけ歩いているかは意識していないし、おそらくは1日に1万歩も歩いていないでしょう。しかし、家の中でも外でも1日じゅう常に動き回り、立ったり歩いたりをやめないライフスタイルなのです。平たくいうと彼らは1日の総活動時間が長いのです。

この知人の例を見てもわかるように、大切なのは歩く距離よりも動く頻度と時間です。ウォーキングを日々の生活に取り入れ、習慣づけることが重要なのです。ウォーキングへのアプローチは人それぞれにあります。ぜひ自分だけの楽しみ方を見つけてください。

◉持久力が高まると脳が活性化する

2001年に米カリフォルニア州教育局が10〜15歳の子供95万人に行った大規模調査の結果、体力測定の成績がよい子供ほど、学業が優秀である傾向があることが判明しました。脳の神経細胞が運動によって刺激されて増えることがわかったのです。

長い間行動できる、いわゆる持久力が高い人のほうが数学の理解力や国語の読解力が高いこともわかっています。持久力と学力には相関関係があるのです。また、持久力が高いほど、仕事の能力も高いことも証明されています。

持久力は、有酸素運動で鍛えることができます。有酸素運動とは酸素によって脂肪や糖質などをエネルギーに変える運動のことです。代表的なものに、ウォーキングやジョギング、水泳、エアロビクスなどがあります。

ちなみに、よく持久力が有酸素運動、瞬発力が無酸素運動という区別をしますが、私はスポーツをする上で、その分け方はあまり意味をなさないと思っています。

世の中の運動のほとんどは有酸素運動、すなわち持久力を鍛えるものです。例えば野球。バットで打つ瞬間、投げる瞬間は確かに無酸素運動ですが、9回までゲームを続けるとなると、持久力がないともちません。100mの短距離走は無酸素運動とされますが、その練習過程では何度も繰り返し走る持久力がなくてはいけません。もちろん、大会に出場すれば予選、準決勝、決勝と走らなくてはいけない場合もあるでしょう。

重量挙げもそうです。バーベルを挙げる時に重要なのは瞬発力ですが、試合では何度も挙げなくてはいけませんし、神経系を鍛えるために練習は基本的に毎日行っています。

ジムでの筋トレもよく無酸素運動の一環として位置づけられます。ベンチプレスでバーベルを上げる一瞬は確かに無酸素ですが、それら筋トレのセットメニューは持久力がないとこなせません。ジムで過ごす時間は持久力を高める運動になります。つまり、ほとんどの無酸素運動は有酸素運動に組み込まれるのです。

ひと昔前は運動ばかりしていると「脳が筋肉でできている」とか「筋肉バカ」と揶揄されていましたが、持久力を上げていくと実は勉強の注意力や集中力が高まります。

実際、成功した多くの経営者や研究者がランニングを日課にしています。持久力が鍛えられ、勉強や仕事にも前向きに取り組むことができるようになるからでしょう。

iPS細胞を発見した京都大学の山中伸弥さんや日本マクドナルド、アップルコンピュータ社の社長を歴任した原田泳幸さん、作家の村上春樹さんもマラソンに取り組んでいるのは有名な話。夏目漱石や川端康成などの文豪も原稿の執筆に行き詰まると、家のあたりを散歩したといわれます。古代ギリシャ哲学の賢者ソクラテスやプラトンも、歩きながら考えたといわれます。

私は最近、ランニング中にアイデアを思いつくことがあまりに多いのでスマホや小さいノートを携えて、必ずメモを取るようにしています。

ひと昔前は机にかじりついて「う〜ん、う〜ん」とアイデアをひねり出していましたが、「ダメだ。思いつかないからちょっと休憩しよう！」と立ち上がって歩き出した途端に思いつくことが多々ありました。間違いなく運動によって脳は機能を高められているのです。

人は脳から筋肉に指令を出すことで歩いていますが、歩くことで脳も活性化します。

歩くことは体力や気力の向上だけでなく脳の認知機能を高めるのです。有酸素運動によるトレーニングを行うことで、記憶を司る海馬が大きくなることがわかっています（米ピッツバーグ大学研究チーム）。

脳は活動するのに大量の酸素を必要とします。人間の体重に対して、脳は2％ほどの重さしかありませんが、カラダに必要な酸素の約20％を脳が使用しています。脳のためにもスポーツに取り組むことはとても重要なのです。

長く楽に歩くことができる大転子ウォーキングは、持久力を養うのにうってつけです。ウォーキングはカラダを鍛えるだけでなく、頭まで鍛えてくれる。そう思えば、より目的意識を持って歩けるようになるはずです。

ぜひ日々の生活に大転子ウォーキングを取り入れ、いつまでも健康に歩いてください。

あとがき いつまでも自分の足で歩こう

世にも珍しいマンガ家の書いたウォーキング読本『ランナーが知っておくべき歩き方』、いかがだったでしょうか？ウォーキングエコノミーという新しい概念。そしてウォーキングのフォームに特化した内容は今までにない斬新な本になったと自負しております。大転子ウォーキングは骨盤の動きもランニングにそのまま繋がる歩き方なので、これからランニングを始めてみようという方にも最適な本になったと思います。

ですがマンガ家が書いたという先入観からだと文章が多く、イラストのみでマンガもないし、多少内容も難しい部分もあったかと思います。ごめんなさい、どうしても伝えたいことが多くて文字数が多くなってしまうのです。しかし類書のウォーキング本に比べて情報量はかなり多く、目からうろこの内容になったかなと思います。

私は史跡名所、たまに美味しいお店を訪ねる散歩が趣味で、その類いのテレビ番組もよく観ます。この本を書くにあたって歩き方のことばかり考えていたので、そのような番組を観ても「この芸人さんの歩き方は本当にヒドイな〜」とか「この女優さんはキレイに歩くな〜」と歩き方ばかり気になるようになってしまいました。やはりスポーツ選手の骨盤は歩いている様子を見てもとても上手く使われています。しかし意外と運動神経がいいといわれているイケメン俳優で「アレ？骨盤が固まって肩をずいぶん揺らして歩いているな〜」と感じる方もいたりします。政治家でも何で国会議事堂に入るとき、こんなに頭がフラフラして歩いているのかなと思う人がいます。やはり自分を大きく見せたいからなのでしょうか。

この本の第1章に書きましたが、私は30代の時に足首を骨折しました。まだまだ若く体力的にも元気だったので、「立つ」「歩く」という人間にとって当たり前のことができない状況に愕然として落ち込みました。2ヶ月後、久しぶりに家の外に出て両足を着いて歩いた時のことは20年以上経っても忘れられません。すっかりか細くなってしまった右太腿の筋力の落ち具合に驚きつつ、よろよろとですが風を感じて歩いた感動は今でも甦ります。それまでは「歩く＝A地点からB地点への移動」でしかなかったのですが、その後は歩きながら景色を楽しみ、道端に咲いている花を眺める素晴らしさを知りました。足が治ってからは、障がい者やお年寄りのカラダの状態を体験できる地域の講座に時間を見つけて参加するようになりました。重りを身にまとって歩くと、お年寄りの方がどんなに大変な思いをして日々、生活しているかわかりました。車椅子に乗って街中に出てみると小さな段差につまずき、お店にも入るのにひと苦労。駅近くの狭い歩道に立て看板や自転車が停められていると通過できず大変でした。踏切で線路に車椅子の車輪が落ちてしまい、カンカンカンと警報機が鳴り出した時には焦りました。目隠しをして杖をついて目の不自由な方の体験をしたり、耳に分厚いヘッドフォンをして難聴の体験もしました。でも、これは普段、若い人でも歩きスマホでやっていることです。スマホの画面に集中したり音楽を聴いて外界の情報を遮蔽しているという意味では同じ。自分が何かにぶつかるだけでなく他人にぶつかって傷つけることもあります。その危険性を理解してほしいと思います。

私はその後、ランニングを趣味にするようになりましたが、さらに健康の大切さ、歩く大切さを噛みしめています。近所の公園を走っている時は季節の移ろいを感じて楽しむことができるようになりました。同じように走ったり歩いたり犬の散歩をしている近所のお年寄りの方とも、花壇に咲いている花や桜の木を眺めては季節の会話を楽しみます。笑顔と歩くことは健康の一番のお薬だと思います。足の骨を折らなかったら歩くことの重要性にはずっと気づかなかったかもしれません。そう思うと人によっては「お金をもらっても絶対走りたくない！」といわれるフルマラソンで苦しい思いをしてでも自己ベストを目指して挑戦し続けるのも、健康への感謝の気持ちが根底にあるのかもしれません。このような本を書けたのも、そのおかげかも。骨折自体は痛かったので大手を振って「よかった」

とは言えませんが、「気づき」を与えてくれたという意味では骨折や病気がちな人生に感謝しようと思います。

いつまでも自分の足で健康に歩けること。そして大切な人たちに囲まれていつも笑顔でいられること。これこそが最大の幸せです。若い時はつい美味しいものを食べたり女性にモテようとしたり、お金を儲けたり出世することに気持ちが傾いてしまうと思いますが、寝たきりや車椅子になってから気づくのでは遅いのです。

最後までお読みいただいてありがとうございました。

みやすのんき

2019年4月1日

3月に永眠した母に捧げます。

著者：みやすのんき

1962年生まれ。東京都出身。『やるっきゃ騎士』（集英社／月刊少年ジャンプ）にてデビュー。代表作に『冒険してもいい頃』（小学館／週刊ビックコミックスピリッツ）、『桃香クリニックへようこそ』、『厄災仔寵』（共に集英社／週刊ヤングジャンプ）、『うわさのBOY』（集英社／週刊少年ジャンプ）など。
近年はランニング、ウォーキングなどスポーツや健康関連の実用書も出版。趣味は散歩、食べ歩き。
フルマラソンの自己ベスト記録は2時間53分。

本書は『あなたの歩き方が劇的に変わる！　驚異の大転子ウォーキング』（彩図社／2016年）を元に、大幅に改稿・加筆して刊行するものです。

装丁／秋庭崇（Banana Grove Studio）
DTP／Lush!
編集／磯部祥行（実業之日本社）

ランナーが知《し》っておくべき歩《ある》き方《かた》

2019年4月25日　初版第1刷発行

著　者 …………… みやすのんき
発行者 …………… 岩野裕一
発行所 …………… 株式会社実業之日本社
〒107-0062　東京都港区南青山5-4-30
CoSTUME NATIONAL Aoyama Complex 2F
電話【編集部】03-6809-0452
【販売部】03-6809-0495
http://www.j-n.co.jp/
印刷・製本 ……… 大日本印刷株式会社

ISBN 978-4-408-33853-8（第一趣味）

みやすのんきサブスリー三部作　第1弾

目から
うろこの

マンガ家ならではの奇抜な視点！
ランニングメソッド満載！

「陸上経験者が教える本」とは一線を画した、運動オンチの一般市民ランナー目線で語る効率のよい練習でサブスリーを実現しよう！

サブスリーを
本気で狙う
中・上級者
向け

走れ！マンガ家ひぃこらサブスリー

運動オンチで85kg　52歳フルマラソン挑戦記！

240ページ　1500円＋税

ISBN 978-4-408-11171-1

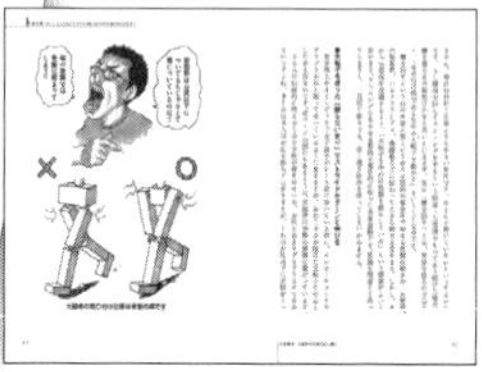

マンガ家ならではの
わかりやすい
イラスト多数！

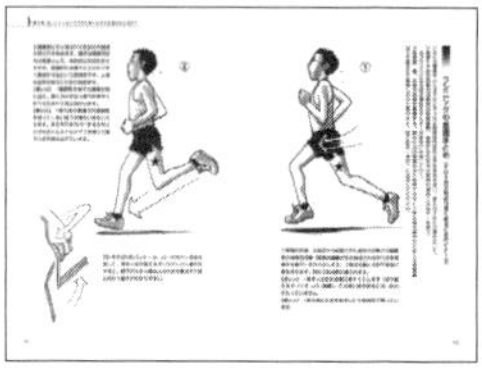

主な内容

■第1章　ひぃこらしないでラクに速くなえる近道はあるのか？
健康的でスラリとした美脚になったのは、フォームを意識してから
間違いだらけだった私のランニング意識
ランニングの意識を変えるだけでいきなり速くなれる!?
足の回転を速くする「シザース動作」は必須です
腰低意識でいこう!腰高意識ならぬ腰低意識を提言します
大転子を使った「蹴らない走り」でストライドがグーンと伸びる
アフリカ系の人は生まれつき骨盤が前傾しているなんてウソ
骨盤自体はアフリカ系の人も日本人もみな一緒!!
アフリカ人ランナーこそバネを使っていなかった
ただ「足を置きにいく」ケニア人選手と「膝と足首で蹴る」日本人選手
着地時に足の指は自然にハネ上がり、ウインドラス機構がアーチを高める
拇指球で押す動きは無駄です
踵をつけないで走ろうとする人たち
■第2章　サブスリーまでの1年半の苦しく楽しかった道のり
無残に終わった10年前の経験と、改めて取り組んだマラソン挑戦記
1年間で3:32:59→3:22:18→3:06:11→2:58:24を実現したときの気持ち
■第3章　サブスリーに近づくための現実的な練習メソッド
セルフコーチの利点と欠点
我々、一般市民ランナーはコーチを受ける必要はあるのか？
加齢に対しての極めて正攻法な対処
中年以降は体幹トレーニングよりバランストレーニングが重要